竹聯

我在江湖的回憶。
臺灣第一部幫派主持人親筆史記

竹聯幫元老、
臺灣幫派發展史最傳奇人物
柳茂川 著

大是文化

目錄

第二部

臺灣江湖要事——人在江湖，身不由己

目錄

柳茂川生平與臺灣幫派發展大事紀

民國二十九年，一歲	柳茂川生於四川涪陵，爸爸為黃埔軍校五期，媽媽也是職業軍人。
民國三十八年，十歲	跟隨家人到臺灣，先後就讀桃園國小、萬華雙園國小。
民國四十二年	以寇為龍、袁雲剛、陳自奮為首的板橋中學和新莊中學的學生，組成四海幫，稱雄於臺北江湖。
民國四十五年	柳茂川就讀師大附中分校木聯（實踐國中前身）時，認識陳啟禮。
民國四十六年，十八歲	勵行中學的中和幫老兄弟辛世樂、劉永吉，和北投的周德新、周榕，以及中和鄉的瘦子等兄弟，在永和竹林路底草創竹林路聯盟（竹聯幫）。
民國四十七年，十九歲	陳啟禮加入竹聯幫。

（接下頁）

民國四十七年，十九歲	柳茂川與文山、木柵地區等兄弟成立新文山幫，並重整文山幫，與四海幫開始長達十年以上的互鬥。
民國四十七年，十九歲	發生豫溪路口小弟斷手事件，柳茂川正式加盟竹聯，協助竹聯進行第一次重整，促成文山、竹聯、三張犁幫、北聯、血盟等五幫，籌組「反四海陣營」。
民國四十九年，二十一歲	柳茂川和陳啟禮同時進淡江文理學院就讀。
民國五〇年代初期	與陳啟禮在淡水忠義廟（現北投行天宮）插香團拜，成立跨幫派組織——忠義盟，全體兄弟推舉柳茂川與陳啟禮為「雙龍頭」（如竹聯幕後雙主持人的制度）。
民國五十至五十五年	由於各幫兄弟互有摩擦誤會，進而拳打腳踢、兵刀相見引發「三幫混戰」（四海、竹聯、文山）。後來竹聯與血盟亦發生衝突，血盟對竹聯宣戰，最後演變成為四幫混戰。
民國五十六年	竹聯第二次重整，有別於第一次重整是為籌組反四海聯盟，第二次重整，在於凝聚內部向心力和壯大幫派。
民國五十七年	陳啟禮任職香港西餐廳時，與牛埔幫因為保護費產生衝突，雙方因此互鬥，並在突擊時開出了竹聯的第一槍，這是竹聯第一次在戰鬥中使用槍械，此次竹聯以寡擊眾，奠定竹聯幫在大臺北江湖重要的地位。

民國五十九年二月，三十一歲	柳茂川出國至西班牙留學。留學期間，主要在歐洲從事國民黨黨務、學運、僑務工作，直到民國六十二年，因父親過世回臺。
民國五十九年七月	陳啟禮誤信竹聯兄弟陳仁，將幫中財政交由他管理，後來陳仁盜領組織公款逃逸，被幫內兄弟追殺進而要求警方保護，但仍在西門町遭竹聯砍殺，警方因此對竹聯實施了一次大逮捕，陳啟禮因此被送外島管訓。
民國六十六年	國民黨在桃園縣長選舉投票過程中作票，引發火燒警察局的「中壢事件」。
民國六十八年十二月	以美麗島雜誌社成員為核心的黨外運動人士，在高雄舉行集會遊行，訴求民主與自由，終結黨禁和戒嚴。後來遭不明人士混入，冒充支持者攻擊憲警，於是政府發動軍方與警察的鎮壓，史稱「美麗島事件」。
民國六十九年	美麗島事件被告林義雄位於臺北的住家發生滅門血案（林宅血案），林義雄六十歲的母親及七歲雙胞胎女兒被刺殺身亡，僅九歲長女受重傷，此案至今未偵破。
民國七十年	竹聯與四海在東王西餐廳發生衝突，最後由柳茂川主導，兩幫達成和解。東王西餐廳之戰，也成為四海對竹聯的最後一戰。

（接下頁）

民國七十年	柳茂川與陳啟禮達成共識，兩人共同合作第三次重整竹聯，走向多元建堂模式。
民國七十年七月	發生陳文成死亡案。陳文成是美國卡內基美隆大學的助理教授，長期關心臺灣民主運動，因捐助《美麗島雜誌》，而遭到國民黨政府迫害。
民國七十二年	臺北華南銀行殺人搶劫金庫案，一度謠傳此案為柳茂川結拜聯盟的老兄弟——北投十五兄弟的李傑所為，案發七年後，警方才終於破案，讓凶手胡關寶認罪。
民國七十三年	撰寫《蔣經國傳》美籍作家劉宜良（筆名江南）在美國加州住家的車庫外遭槍殺。柳茂川為陳啟禮策畫江南行動，事先帶陳啟禮看過江南在大理市居家環境，並派出親信協助陳啟禮的行動，但後來陳啟禮中途變更計畫，臨時調來吳敦與董桂森動手。
民國七十三年	臺灣國防部情報局為掩飾派陳啟禮去美國刺殺江南，實施拖延已久的一清專案，陳啟禮和吳敦被捕。
民國七十五年	透過陳啟禮引薦，曾任柳茂川貼身護衛的劉煥榮，因多起槍擊案，逃往菲律賓和日本，後被日本警方逮捕引渡回臺審判，曾多次被判無期徒刑。

民國七十九年	柳茂川回臺參選副總統。目的是希望推動臺灣政治進一步邁向民主，打破以前一人競選，自動當選的局面。
民國八十年	陳啟禮刑滿（服刑六年假釋出獄）獲釋，重返竹聯幫。
民國八十二年	劉煥榮死刑定讞。有傳言說，劉煥榮曾多次威脅陳啟禮，陳啟禮心生不滿，要置劉煥榮於死地，於是動用關係，影響了承辦檢察官與法官的判決，死刑定讞。
民國八十五年	四海幫老大陳永和（大寶）被槍殺於海珍寶餐廳。原因眾說紛紜，其真正的原因疑似因其不喜歡某權勢人物，於公開場合隨意一句牢騷話，傳到對方耳裡，而被槍殺。
民國八十五年	治平專案前夕陳啟禮亡命海外，避居柬埔寨，隔年臺北市警局依《組織犯罪防制條例》發布通緝。
民國九十六年	陳啟禮患胰臟癌赴香港治療，同年過世於香港，享年六十四歲。遺體由竹聯幫大老包機運回臺灣，安奉於金寶山墓園。

推薦序一

冷兵器時代的戰術奇才——柳茂川

老四海三劍客之一／袁雲剛

茂川接受多位兄弟的建議，把當年臺灣江湖上的重要事件，翔實的撰寫成回憶錄。我也認為重現當年的歷史，是一件很有意義的事。當年茂川和我雖然身處對立陣營，立場不同，但私下是有多年交情的老朋友。過去我們一起就讀文山中學，是高中同班同學，又有親戚關係，所以我也就欣然同意為本書撰序。

我們都是在民國四、五〇年代，使用刀劍冷兵器時代的人物。那個短刀捅刺、長兵（指武士刀與指揮刀）砍劈的激情年代，也是以勇氣與技能拚殺的時代。在那段滾滾的時間長河裡，不知孕育了多少英雄豪傑。

四海幫與竹聯幫在長達半個多世紀的競爭中，茂川是貫穿這個時期的關鍵人物。自民國四十七年起，他領軍文山幫對四海幫採取攻勢，而中和鄉（今中和區）豫溪路口小弟斷手事件（詳見第二章）促使他加盟竹聯，這是四海與竹聯的一個轉折點。在此之前，竹聯的戰力遠不及四海。四海無論在年齡、作戰經驗與實力上，都比竹聯更有優勢。四海自在寶泉冰店（詳見第一章）砍傷竹聯、多次雨夜進襲，到豫溪路口事件，都是主動出擊並占上風。

但後來**茂川澈底改變竹聯的戰術，他在竹聯艱難的情況下，仍堅持採取游擊進襲的方式，以積小勝為大勝**。他廣招新人、培訓新血，更以外交手段，聯合三張犁與北聯兩方人馬，合兵一處以進襲四海，又統領文山、竹聯、血盟三幫，形成反四海陣營，長期和四海周旋，讓四海面對一個跟以前完全不一樣的對手。

在刀劍冷兵器時代的拚殺中，人的素質與數量是重要的致勝關鍵。茂川把握了這個重點，他是一位不可多得的戰術奇才，且不斷廣招新人、培訓新進，在短期內，將他的兄弟組成一支能征善戰的隊伍，縱橫大臺北。

臺灣江湖從刀劍冷兵器時代，過渡到槍械火器的熱兵器時代後，茂川意識到，「人」不再是致勝的絕對關鍵，但人的素質與數量仍相當重要。他以多元建堂的方式（詳見第七章）來無限發展，使竹聯在臺灣幫派長期的發展上占有優勢。

茂川在刀劍冷兵器時代的拚殺中脫穎而出，對那個時代的留戀，自然難以割捨。但臺灣江湖世代與時俱進，槍械火器的優勢已成為戰鬥取勝的關鍵。在往後的變局中，逐鹿中原，問鼎天下，鹿死誰手，尚未可知。

推薦序二

扭轉歷史與江湖的縱橫家，帶領竹聯崛起

三張犁幫老大、反四海陣營主盟人之一、中國洪門五聖山山主／李存果

李存果

回憶半個多世紀前，民國四十七年十月下旬的一個傍晚，茂川與陳啟禮代表竹聯，來與我等多位三張犁兄弟結盟聯拜。那時正值中和鄉豫溪路口小弟斷手事件不久，是竹聯處境艱難、亟需支持的時刻。兄弟有難，義不容辭，我於隔天下午就發兵前往西門町，進擊四海。

在那段關鍵時刻，**茂川善用他的組織長才與人際關係，讓竹聯一面積極的以連續突擊來回擊四海，一面匯集三張犁、文山及北聯三幫力量，形成反四海陣營**，牽制、削弱四海陣營，破解四海一貫使用而無往不利的戰術：一對一個別擊破（詳見第四章）。

於是，強大的四海落入多面作戰的被動局面。臺北江湖自此進入四海陣營與反四海陣營的合縱連橫之戰國時代。從民國四〇年代後期開始，到民國五〇年代中期，四海逐漸失去主導江湖、獨霸天下的地位。

茂川與我均是刀劍冷兵器時代拚殺出來的人物。這位刀劍時期的縱橫家，用鐵血與智慧，扭轉了歷史與江湖。在三十年的時光裡，竹聯經過他的三次重整，慢慢走上崛起之路。而茂川為人一向低調、不喜張揚，且每每功成身退。但近年來，多位兄弟希望他能將當年的事蹟翔實的記述下來，以作為大家共同的留念，他經過再三考慮後，才同意撰寫。

我身為當年反四海陣營的主盟人之一，認為當年很多的重要事件，都是今日人們所不知道的。將那段歷史公諸於世，使其不被歲月淹沒，是件相當重要且有意義的事。

推薦序三

使竹聯走向崛起之路

與竹聯幫元老大將陳功齊名、基竹領袖之一／林建發

對於茂川大哥寫回憶錄，我也是贊成者之一。中和鄉民國四〇年代後期，到民國五〇年代初期的老兄弟，對於那段大哥帶領我們與四海拚鬥的艱難歲月，記憶非常深刻。

豫溪路口小弟斷手事件後，在人員與武器都匱乏的情況下，大哥仍堅持帶領竹聯連續突擊四海，牢牢守住中和鄉，立場由被動轉為主動。隨後，他又以外交手段，聯合文山、三張犁、北聯、血盟各友幫兄弟，讓竹聯自此獲得雪中送炭的外援，並逐漸形成反四海陣營，與四海陣營長期拚鬥。他以合縱連橫策略，破解四海個別擊破的戰術，使四海陷入多面受敵的局面，逐漸失去稱雄臺北、獨霸天下的主導地位。

基竹（基隆竹聯，詳見第三章）是靠堅毅的戰鬥而立足於世。自大哥來中和鄉主持的那天起，基竹就自始至終支持到底。民國五十六年，大哥主持竹聯第二次大重整，基竹陳系兄

弟（陳功系）全部參加。吳系兄弟（吳沅新系）雖然聲明不與陳啟禮合作，但全體仍一如既往的接受大哥的調度與指揮。大哥順利促成了這次竹聯的大團結。

大哥後來從歐洲回國後，與陳啟禮共同促成竹聯多元建堂、無限發展的模式，使其走上平穩發展的道路。但之後竹聯遇到建幫以來，最大的一次危機——歐帝威事件（詳見第九章），它差點造成老兄弟間自相殘殺、毀了竹聯的大好局面。

在各堂群情激憤下，加上基竹的吳系本來就與陳啟禮不合，因此陳啟禮與基竹雙方僵持不下。在如此錯綜複雜、危機四伏、千鈞一髮之際，大哥當機立斷，首先勸說、安撫基竹的兄弟，並嚴令各堂不得對陳啟禮的小弟有任何行動。他與我和另一位兄弟馬面懇談時，告訴我們要以大局為重，手足不可相殘，而我們當然接受大哥善意的指教。

隨後大哥偕同陳啟禮到我們約定的餐館，四人同聚一室，大哥說：「血濃於水，兄弟的情義重於一切！我們共同舉杯，一乾而盡！」

就這樣，一場腥風血雨的危機巧妙化解了。在當時，也只有大哥能使大家接受善言，避免一場手足相殘的悲劇，使竹聯從此走向崛起之路。

推薦序四

茂竹貫川岳，終究不凋零

文山幫幫主、中國洪門聖文山山主／李松林

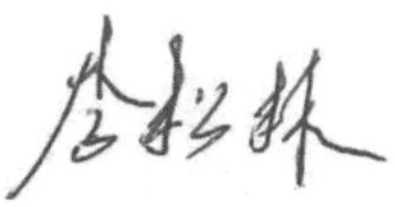

我自幼喜歡讀武俠漫畫、小說，稍長嗜讀史學，尤其對武俠、豪傑的英雄事蹟、《三國演義》、《水滸傳》等傳奇故事，心神嚮往不已。

民國四十七年，茂川大哥重整當時最具歷史性的學生幫會「文山幫」，我雀躍加入，成為幫中最年幼的成員之一，其後繼承老文山優良的道義與倫理之傳統精神，追隨茂川大哥爭戰江湖，學桃園義氣、逞瓦崗威風。一直至民國五十二年我進入軍校，才脫離當時仍群雄並起、逐鹿爭霸的煙硝江湖。

因此，當時稚齡的我對於年少輕狂的茂川大哥知之頗深，如今雖然已年逾古稀，每每思之，仍對其不畏強勢、高節卓行、豪爽意氣的行為表現，以及濟人所急、拯救人於災患危難之中，且路見不平而拔刀相助，勇敢向前的英勇作為衷心欽佩。

本書某些情節或許不盡符合常規社會的道德和法律，但茂川大哥鋤強扶弱、除暴安良、行俠仗義、拯危扶溺而不求回報的作為，是絕對值得稱許的。

史官著述歷代豪傑的英雄事蹟流傳千古，留給後人無盡的敬仰。本書亦如史書般，勾起民國四、五〇年代，我們這輩人的叛逆年少時期，在臺北街頭結夥耍帥、鬥智鬥勇、爭霸江湖的共同回憶。雖然時隔近六十載，許多當年叱吒江湖的風雲人物已不在世，但在青春無悔的年輕歲月中，江湖上發生的點點滴滴，仍是年邁之時最珍貴的回憶。

謹以「盼識柳君意，茂竹貫川岳，莫嫌孤葉淡，終究不凋零」，向茂川大哥致敬，並與讀者諸君共享之。

推薦序五

智慧加上得人心，真正大哥風範

淡水兄弟、柳茂川的親信弟兄／蔡慶暉

我從小不愛念書，初中（按：初級中學的簡稱，即國中，初級中學一詞因民國五十七年實施九年國民義務教育而改名）進入復興中學就讀，當年，復興中學是有名的太保學校。我不念書、愛玩，功課當然不好，父親就聘請家庭老師幫我補習。沒多久，家庭老師看出我不是念書的料，對我說：「你既然不愛念書，我就幫你介紹一個大哥，你跟他去混好了。」就這樣，我就成了大哥（柳茂川）的小弟。

我當時只有十四歲，乳臭未乾，什麼事都不懂，大哥長我九歲，我一直跟隨他至今。大哥不抽菸、不喝酒、不吸毒、不賭錢，這沒什麼稀奇，但過去有幾件事讓我印象深刻：

人在成長的過程中，會出現看不得別人好的幼稚心態，我的這個心態，就發生在少年時期。當時大哥在校外租房子（在淡水），我常在放學後找他玩，我們除了一起聊天之外，大哥還會教我搏擊、用刀等。

認識大哥一、兩年後，我發現大哥從來不生氣，總是笑容滿面、和顏悅色，對別人也一樣，這就讓我心存疑問，身為文山、竹聯的統領，為何對人這麼客氣？當時幼稚的我，覺得這個人好陰險，既然覺得他陰險，就會把這個看法，告訴我的朋友，甚至加醋添油的挑撥中傷，希望能看到大哥生氣、暴怒，因為那才是一般人的人性。

挑撥中傷的伎倆，很快的就被拆穿，我的心裡很惶恐，以為會被打、罵一頓，然而出乎我意料之外，大哥對此事隻字不提，對我一如往常。這種處置方式，對我的性格養成，產生了很大的影響。往後雖然我不至於說不動怒，但我至少做得到看到別人的好，不只不嫉妒，還能打從心裡稱讚，自己也能得到快樂。

大哥大學畢業前搬回家住，我去他家的次數，已經沒有大哥住淡水時來得頻繁。但我每次去大哥家，都得到柳伯母和大哥的熱情款待，我們總是天南地北的閒聊，偶爾大哥還會帶我去逛街、吃好吃的小吃。大哥完全把我當成自家人，還會問我有沒有錢，但因我有零用錢，大哥這樣問了幾次之後，就不再問了。

有一次我在大哥的房間看書，回家後過了兩天，大哥打電話問我，房間內有一筆錢是不是我拿的，我聽了十分生氣，最後跟大哥吵翻。經過一個星期，大哥寄了一封長信給我，信中大意是他人有九十九次對你好，但有一次不好，你就只會記得不好的那次，和他人翻臉，這不是做人之道。那封信讓我很感動，也使我明白為人處世的真諦。那筆錢不久後就被找到了，大哥對我表示深深的歉意，我們之間的誤會當然冰釋，最後和好如初。此後，我對別人給予的恩情，總會銘記在心。

大哥在江湖道上有三大成就，我歸納如下：

一、大哥是**文山、竹聯、血盟三個幫的統帥**，同時執掌三個大幫的號令，在臺灣江湖幫派史上，可說是前無古人，後無來者。

二、首創忠義同盟。這是大哥自創，也是臺灣首創的超幫派組織的盟會，成立於民國五〇年代的初期，是以大哥與啟禮哥為雙龍頭的祕密同盟，後來的天道盟就是吸取忠義同盟的精神而成立。

三、**被美國的華青幫尊為大哥**。大哥在旅居美國期間，受華青幫頭領及兄弟的愛戴。美西華青第三代頭領人物，就是聽從大哥的建議，轉型成功，成為企業主，對社會做出貢獻。

我很慶幸從小跟隨大哥，成為大哥的小弟，在我的成長過程中，得到他的教誨，使我在人格發展上，得到很大的受益。大哥天資聰穎，又喜歡看歷史名人故事和兵書、戰史，使他累積許多的謀略，所以遇到任何事能立刻做出正確的判斷，並下達指令。他是統帥，是諸葛亮，自然不必親上火線，麾下虎將如雲，大家也都樂於聽命，奮勇向前，總能占得上風，贏得勝利。這是極具神奇的領導藝術，是他人做不到的成就，智慧加上得人心，因此大哥戰功彪炳，但又平易近人。這是江湖上大家尊稱他「大哥」而不名的原因，他是真正具有大哥風範的領袖。

我也要感謝當年的兄弟，對我的信任與支持，其中有人已經往生。過去我曾和北聯幫發生衝突，支持我的兄弟明知北聯勢大人強，照樣勇敢無懼跟我往前對敵，那份兄弟之情讓我終生難忘。之後此事由大哥出面調停，而北聯願意和解，且事後不心生芥蒂，如此豪放的氣度，也足為江湖豪傑的表率，是兄弟人的典範。

我後來皈依佛門，成為佛教徒，回顧人生年少輕狂、血氣方剛，曾憑藉著自己的一點小聰明，傷害到他人。我在佛前懺悔，如有來生，希望大家不計前嫌，再結善緣。

推薦序六
隱身幕後的精神領袖，為竹聯寫下歷史

資深社會記者／王瑞德

「儒以文亂法，俠以武亂禁。」江湖道上、流氓、黑社會、槍擊要犯、江洋大盜，是完全不同的層次。我們不必美化道上兄弟，但就像《史記》也有〈游俠列傳〉，在臺灣歷史上，竹聯幫的崛起宛如日本山口組，而這個崛起的偶然與一號江湖人物有關——本書作者柳茂川。旱鴨子陳啟禮被竹聯幫稱為「董事長」，但竹聯幫隱身幕後的精神領袖是柳茂川。

在電影《艋舺》中，有一段幾位年輕主角被帶往山上訓練技擊和搏鬥技巧的情節，就如同當年作者在臺北訓練竹聯幫的故事。作者過去重視體能訓練和實戰經驗，要求兄弟都要能打、能刺、能跑、能閃，所以規定他們早晚要進行長跑訓練，並學習打架功夫和運用技巧避開對方武器的能力，這完全是軍事化訓練。

我因為從事社會記者採訪工作，和竹聯幫、四海幫，以及天道盟中各幫主、盟主、會長、大老熟識，有著三十幾年的交情。老一輩的道上人物仍保有義氣倫理，不像某些年輕黑道只講利益、賣毒品和逼良為娼無所不包，日本山口組、住吉會、稻川會均以俠義道自居，最主要就是建立在義氣和倫理上。

竹聯幫最早稱為「竹林路聯盟」，以「和衷共濟，扶弱抗強」為宗旨成立；一清專案後，臺灣在地原本各自為政的角頭兄弟為了對抗監獄中的竹聯人，甚至還成立了天道盟。

作者的出身很特別，他的父親和伯父都是將軍，母親為早期唯一的女性步兵上校，還曾經是臺北市議員。作者就讀淡江文理學院時，也曾在青年節時代表五百多名大專青年，在救國團所舉辦的勵志青年聯歡晚會中致詞；他到美國後，還曾一度宣布將回臺競選副總統。

雖然外界常將陳啟禮和竹聯幫劃上等號，但在竹聯幫崛起的過程中，作者扮演了十分重要的角色，就像山口組最初也是為了對抗其他黑道，在神戶碼頭成立。身為臺灣山口組的竹聯幫，和四海幫、天道盟共寫了臺灣江湖史，而作者在香港西餐廳、東王西餐廳等江湖風雲中，扮演了為竹聯幫寫下歷史的角色。

自序 我在江湖的回憶，替世界幫派史記一筆

民國四、五〇年代，是我們這一輩人在人生上的重要旅途。與我一起征戰江湖的老兄弟向我建議，把這段值得回憶的少年往事記錄下來，作為大家的共同記憶，而我也贊同這個想法。其原因有三個，讓我應該據實寫下這段不平凡的人生經歷。

第一是現代人不了解距今半個多世紀前，當時大部分由外省學生組成的幫派。當年，學生幫派**幾乎無涉及黑黃毒賭**，只為兄弟、朋友兩肋插刀、路見不平而拔刀相助。多數人信守傳統的道德、道義及倫理，不同於現今犯罪謀利性質的黑社會。

且幫派中多數人在高中畢業後都淡出江湖，進入大專就學或就業，有不少人日後成長為對社會有用的人。例如老四海「三劍客之一的袁雲剛（剛條），以家傳草藥懸壺濟世、救人於絕症，廣受讚揚；另一劍客吳國術（以第一名成績進入空軍官校，之後成為飛官），在一次飛行任務意外中，寧可放棄在臺北市內跳傘逃生的機會，也要讓戰機飛出市外，隨機墜毀殞命；吳自強（吳大塊）退出江湖後考上船舶設計學院，畢業後在海軍船舶設計中心服務，

為海軍設計了登陸艇、快艇等，一直在高雄服務直到退休，之後在桃園定居。他們都是對社會做出貢獻、值得敬佩的人。

我於民國四、五〇年代，學生幫派林立，百家爭鳴、刀劍拚殺的群雄並起時期，**歷經文山、竹聯、四海、血盟四幫之間錯綜複雜、血腥又長期的混戰**，且**跨越刀劍冷兵器至槍械火器的熱兵器時代**。因此，我有責任與義務將這段真人真事的祕辛公諸於世，讓現在的世人對當年的學生幫派，有一個正面的了解。

1 老四海是四海幫的基礎與支柱，從建幫開始和歷次對外的重要戰鬥中，寇為龍、吳國術、馮竹語、李可萍、李政國、焦際良以及中心人物陳自奮，始終維繫與支持著四海向前走。寇為龍與陳自奮是四海早期對外戰鬥的主要領導者，四海早期的第一次重整後，就以陳自奮為老大統領全幫。並且從寇為龍這批老兄弟就學或就業後，四海的領導組織就由陳自奮擔任。自四幫混戰開始，陳自奮是四海上下的精神領袖，老四海與新四海是不可分割的組織。而老四海與新四海唯一可說的分界點，是年齡上的差別，例如民國四〇年代中期前的老四海，以及在民國四〇年代中後期加入的四海兄弟，被泛稱為新四海，但柳茂川口中的老四海，是指早年四海創幫時的這批老朋友。

世界幫派特例：學生幫派主宰臺灣江湖

第二是當時學生幫派的成長與發展，是世界幫派史上的特例。世界上所有老舊黑社會都控制了資淺年少的學生幫派，而**臺灣是學生幫派反而強壓在老舊黑社會之上**。原因是學生幫派都經過長期刀劍拚殺而脫穎而出，老舊黑社會若想壓制或打敗戰鬥經驗豐富的學生幫派，唯一可行的方法就是使用大量的槍械火器，但當時臺灣實施戒嚴，當局不允許任何個人或組織使用及擁有大量槍械。

特殊的戒嚴體制，也造就經過鐵血刀劍洗禮的學生幫派，主宰臺灣江湖的舞臺。它在以前沒有發生過，以後也不可能發生，這是世界幫派史上值得記載的事蹟。

我的老兄弟左五臧說過：「和全世界黑社會不同的是，臺灣現今的主流黑社會，不但不是淵遠流長的洪門（清朝以「反清復明」為宗旨的民間祕密結社，之後衍生出天地會。洪門遍及世界各地，尤其在港、澳、臺及東南亞、南洋均有影響力）與青幫（清朝雍正四年創立，幫會人士在初期以漕運為業，之後衍生出漕幫，以師徒輩分相傳），更不是曾以前輩姿態現身的南京幫、廈門幫、青島幫之類的職業性謀利黑社會，反而是以在學學生、外省子弟為主形成的各個幫派。」

這些當初純粹出自於自我保護或好玩、打鬧的幫派，多數隨著兄弟年歲增長而淡出江湖。諸如最老牌的學生幫派文山幫、盛極一時的血盟幫、人多勢眾的虎盟幫、南昌街的七星幫、中正七雄等；也有不少有戰鬥力的學生幫派與本省角頭，逐漸轉變成黑社會幫派，如當年稱雄江湖的四海幫、後來崛起的竹聯幫、北聯幫、松聯幫、一清專案（按：一九八四年的掃黑政策之一，對象以竹聯幫為主）後發展壯大的天道盟，還有歷史悠久的本省最大角頭牛埔幫、華山幫、芳明館、大龍峒等。這種以學生幫派為主流而演變成黑社會的例子，是世界黑社會幫派發展史上的特例。

第三是我從未利用組織的力量或家世謀求個人的利益，淡薄名利、低調處世。**跟隨我的兄弟**在年歲增長後，大都就學、就業或考上公務員，**全身而退**。他們雖然沒有得到金錢與物質的收穫，但安貧樂道，可以安度餘年。而我沒有一物留給大家，內心感到十分慚愧。現在，我把我們當年雖以鐵血刀劍掌控了江湖的舞臺，卻沒有作奸犯科的激情歲月記錄下來，作為大家的共同紀念。基於上述三個原因，促使我寫下這段真實的冒險往事。

寫下這段往事前，也經過幾個階段的醞釀與周折。我的幾個老兄弟很久以前就提過，要我寫下這段回憶。親信兄弟蔡慶暉建議用演義的章回小說形式撰寫，他有寫作的經驗及不錯的文筆，原本計畫由我口述、他來著筆。但我當時長居歐美，兩人的時間無法配合，若以演義的方式書寫，可能要費時多年。

後來經由友人聯繫，聯絡上另一位老兄弟左五臧，我們透過電話談了許多當年的往事。他說：「近年看到不少揭露臺灣黑社會的文章，**總覺得似是而非，都有點局外人講局中事的味道，往往牽強附會、以訛傳訛**。其實，談到近代臺灣江湖道上各幫派、角頭的起落興衰，

自序　我在江湖的回憶，替世界幫派史記一筆

本來應是一部絕好的小說題材。

「若是由親身經歷這之中多數恩怨情仇的茂川哥，以臺灣主流黑道異於全世界黑社會的組成和發展方式為經，帶出不同時代的各個人物，並以這些人物為緯，穿插比較戲劇化、有震撼力的情節，就能寫出一步富有可讀性且能傳世之作。」

我覺得他說得很中肯。江湖上幫派事務本來就是祕密，或參與者也只知道片面，不可能知道全局，更何況是學生幫派的四幫混戰，他們之間錯綜複雜的關係——四海三面受敵，而文山、竹聯、血盟又互相激烈拚殺，其中的恩怨情仇不是他人說得清楚的。

當時，我欣然同意左五臧的建議，然而日有所思，夜有所想的回憶當年打殺往事，免不了入睡時有夢話與動作，加上我那時心臟不好，家人十分擔心我的健康狀況，不贊同寫作計畫。就這樣，我有一段時間不再和左五臧聯繫，後來經過了好幾年，我的健康狀況好轉，卻聯絡不上左五臧。直到之前我才知道他已離世好幾年，感到十分遺憾與難過，但他對這本書的構思與誕生是一個契機，有不可磨滅的貢獻。

到了民國一〇四年初，蔡慶暉認為不如以回憶錄的形式，以成長的每個階段與經歷，敘述江湖游俠的人生之旅。本書的記述都是真人真事，**且每件重要事件均由當事人、知情人之間互相印證後才定稿**。寫起來相當不容易且費時費力。但為了保證公正性、客觀性，且希望盡量還原各個事件的真相，我還是堅持這麼做，這與坊間的江湖故事截然不同。

在此我特別感謝接受我與舍弟娃子訪談的寇為龍（寇保，民國四〇年代統率老四海並稱

霸江湖）、陳自奮（阿奮）、袁雲剛、李存果、馬祖德、王國康、陳道鈞、林建發（肥婆）、李松林、蔡慶暉、梁先宏（驢子）、吳功、童強、王華五（老五）、黃大嘸（黑馬）等多位兄弟的熱忱協助，以及潘金國與藍財旺夫婦的支持。

兄弟與政治，豐富了我的冒險人生

我的一生中，兄弟與政治和我形影不離、始終相伴，為我帶來多采多姿的冒險經歷。江湖有幫派、政治有黨派。沒有幫派組織的力量，個人在江湖上難以單獨成事；政治上若沒有黨派的力量、依存及培養，無法達成任何政治目標。我在幫派的組織、管理、訓練、作戰都能取得成績，是依靠江湖與政治兩者最重要的因素，那就是人。如何處理好人際關係，就是成功的最大因素。

本書原本只準備寫到我出國留學前，但隨著文稿的展延，就連帶寫出這幾十年臺灣江湖上發生的重要事件：**江南案、竹聯與四海激戰東王西餐廳、竹聯歐帝威事件、李存果報弟仇而砍殺劉玉洪、四海老大陳永和（大寶）被刺之謎、竹聯冷面殺手劉煥榮之死**。和這些臺灣江湖要事相關的人物，都與我關係密切。

我是一個自小喜好讀書、待人接物和善的人。但因個性倔強，有著凡事都喜歡爭強好勝的浙江臺州人秉性，且嫉惡如仇，見不得不公平的事。這種個性使我這一介書生，能在激烈廝殺的四幫混戰中，脫穎而出而縱橫江湖。

本書能順利出版，要感謝李松林、左五臧、蔡慶暉、我弟弟娃子協助構思、資料收集；也要感謝娃子進行文字整理、記錄。另外，也感謝大是文化的費心費力，多虧出版社的幫助，這本書才得以問世。在此我由衷的表示感謝。

書內的敘述，大都是半個多世紀前的事，不免會有遺誤之處，敬請各位讀者指正。

前言
熱血少年只知義，部分幫派多重益

民國四十七年，當時我正就讀高中，本著一腔熱情、滿腹道義，和一群性情相近的兄弟，**促成文山、竹聯、三張犁、北聯及血盟五幫協同組成反四海陣營**，使竹聯能寫下以弱戰強、以寡敵眾、化被動為主動的輝煌奮鬥史，而這也是一段艱辛的歲月。雖然時間已過去六十餘年，許多當年叱吒風雲的人物已不在世，甚至於從人們的記憶中逐漸淡去，但回憶起來，我們的年輕歲月仍有許多值得敘述的事蹟。

當時由板橋中學的學生與新莊中學的學生結合的四海幫，在老兄弟寇為龍、陳自奮、馮竹語、吳國術、袁雲剛、許特上、甫國東、李政國、李可萍、焦際良、黃毛、藺磊俠等人的帶領下，稱雄於臺北江湖（詳見第五十七頁）。

以現今的眼光來看，幫派往往只是好勇鬥狠，因為衝突造成打打殺殺的場面。但在當時的學生幫派之間，彼此並沒有什麼利益的糾葛，多以道義為重，以就讀學校、人際關係、居住地域等地緣關係，而人為或自然的結合在一起，互相幫助與團結以對抗外來的力量，而逐漸形成大大小小以自我保護為目的的眾多學生幫派。其中以四海幫實力最為雄厚、名氣最大，占據臺北市中心西門町，所以與其他學生幫派的摩擦與衝突也就更多。

民國四十七年七月，我以文山區（按：全書內文提到的文山區，是過去的行政劃分，為現在臺北地區的景美、木柵、深坑、新店、石碇、坪林及烏來一帶）內、鐵路新店線（民國五十四年停止營運）上、木柵與溝子口幫的同學和兄弟為基礎，共同建立新文山幫（詳見第五十九頁）。

稱之為新文山幫是有別於已退出江湖的老文山幫兄弟，以及部分老兄弟在新店線上建立的各文山支系，如新店幫、大坪林幫、景美幫、公館幫、水源地幫、古亭庄幫等。而新文山幫是另外新組合的系統，親愛精誠、團結一致、勇敢出擊，很快在江湖上打出一片天下，立足於大臺北。對外仍稱文山幫，繼承老文山幫的正統和優良的道義與倫理之傳統精神，並開始進擊四海陣營。

在草創的環境與條件下，我加強了新文山的戰鬥力，運用隱蔽而主動出擊的戰術，在敵明我暗的狀況下，新文山幫在攻擊強大四海陣營的戰鬥中，逐漸取得戰果。

創立於永和竹林路，簡稱竹聯

竹聯幫最早稱為「竹林路聯盟」[2]，後來順口稱為「竹聯」，**但民國四〇年代的兄弟都**

自稱「中和鄉」，認為竹聯是真正繼承了「中和幫」抵抗四海的精神，並認為竹子韌性強，雖孤葉單薄，但生命力極強，所以以「竹子」為標誌圖騰。

竹林路聯盟從中和幫衍生出來後，延續了中和幫的傳統，繼續抗擊雄據臺北的四海。但相比之下，四海幫涉足江湖早了五、六年，平均年齡也大了五、六歲，且居於主動與上升局勢，在戰鬥力與戰鬥經驗都難以比較的情況下，竹聯對四海的抗擊也與其他各幫派一樣，長居下風與處於被動的局面。

當時新文山與竹聯是結義聯盟的兄弟之幫，大家經常互相往來。起因為在竹聯對四海的戰鬥中，竹聯一直長期居於下風；新文山雖組建不久，但由於我的積極進取精神，對四海陣營的作戰取得多次有效戰果。而文山、竹聯兩幫的目標都是抗擊四海陣營，有幾位有見識的老兄弟認為，兩幫應更進一步的協同作戰，也可借用我的「以暗擊明」的主動出擊戰法。

且早期竹聯有一個優良傳統：不論哪個人士加盟竹聯，只要有能力，就會被大家推舉而擔任要職。當時血盟來的王國康，頗受大家的支持與擁戴；由文山來的修幼齊（紅鵝，擔任竹葉青（竹聯的青訓部門）老大）吸收了不少優秀的兄弟，是竹聯的人才儲備庫，這種廣納人才的優良傳統，後來經過我與啟禮淋漓盡致的發揮，也是竹聯往後能走上崛起之路的重要原因之一。

竹聯兄弟中最早與我往來的，是創幫兄弟的章尊良（山雞）。他的二哥大雞與我是好友，曾經來過我在溝子口的家裡幾次，我們還蠻談得來，之後不幸溺水而亡；大哥小雞哥（章尊紀）則是文山水源地老兄弟。尊良過去曾跟我說：「你來主持（竹聯）戰鬥，我們現在的兄弟都會支援你。」雖然時隔近六十餘年，我還記憶猶新，所以尊良才是最早提議我主持作戰並跟我合作的人，而不是外界認為，啟禮是我最早的合作者。尊良的這個建議，對竹聯往後的發展，帶來很大的影響。

當時的老兄弟章尊良、瘦子（中和幫）、陳啟禮、王國康、吳沅新（猴子）、包寧慈（老包）等，竭力邀請我加盟竹聯主事，而真正決定性的關鍵，是「豫溪路口小弟陳思景斷手事件」（詳見第二章）的道義感與責任感，促使我毅然決然的接受這一重擔，決心為陳思景報此無妄之災。

這一主持就持續到民國七十年末期，如今，當年敵我陣營的老兄弟都已垂垂老矣。因此我希望能以當年的當事人之一的身分，把這段歷史忠實還原，讓大家對過往的重要事件有更為接近事實的觀察，並將此書作為當年敵我雙方陣營的共同回憶與留念。

2 民國四十六年，當時中和鄉常發生少年互相鬥毆的擾民事件，一群熱血少年（當時趙寧熱心推動，結合了勵行中學的中和幫老兄弟辛世樂、劉永吉，和北投的周德新、周榕，以及中和鄉的瘦子等兄弟，頭一、二批拜的兄弟中還沒有陳啟禮，好像拜第三批時，三六九劉永吉〔三六九店的小開〕帶了讀初三的陳啟禮來拜進竹聯）登高一呼，大家在永和竹林路底草創了竹林路聯盟（竹聯幫），宗旨為「和衷共濟，扶弱抗強」，及時化解了許多內在紛爭。

故人凋零，歷史不逝，有些人不能被遺忘

時光飛逝，已過去六十多年，許多兄弟都不在了，如桃園的老雞婆；血盟的李韋、江輔仁、徐印衡（小毛）；文山古亭庄的王科、胡永康（安東街老大）；文山的蕭定人、張百年、樂鳳岐（樂胖）、包泰宏、彭漢雲、莫乃力、劉晉生；老文山學養俱佳的張自新、老文山老大李保端、文山水源地的侯柱國；新店的吳經農；四海的趙大魯、王大衛（四海的智將）、陳永和、藺磊俠（厚道、講義氣）、田克軍、許特上、甫國東、吳國術、劉偉民、胡柳虎、馮竹語、楊愛時；北聯的黃寶鏞（原四海），竹聯的薛正霖（薛正荃的弟弟）、劉煥榮、包寧慈、鐵蛇、汪沛雷、蕭蕭（一度任職負責，蕭正明的兄長）、莊勵生、陳啟禮、陳功、周榕、胡台富、辜慶爾（怪人）、大騷、鮑家寶、黃舜、薛正荃（小黑）、李雅光、童強、王華五；中和幫的李政家；三環幫的王道興（道新）、小趙；高雄的孫孝增等兄弟都走了，故人陸續凋零，好似落葉隨風飄去。

即使是還活在世上的兄弟，當年的血性少年現在也都白髮蒼蒼。麥克阿瑟將軍曾說過：「老兵不死，只是凋零。」大時代的故事雖然還在我們的記憶中，但老兄弟的逐漸凋零卻無

情的提醒我們：夕陽無限好，只是近黃昏。現在將是慢慢落下帷幕的時候了。

也許是時間久遠，網路上關於過去學生幫派的報導，有的偏離了事實，有的跟事實完全不同，難以讓世人正確而完整的深入了解。過去學生幫派的人與事，主要資訊的來源是靠人與人之間互相傳說而來，不像歷史或家譜有明確的文字記載，長時間以口耳相傳而出現的誤差，那是不可避免的事。就以兄弟的姓名來說，互相呼名道姓，不可能一筆一畫的寫出來核對，有些兄弟用外號（如雞、鴨、鵝、蛇、牛、馬、猴、鷹、鳥等）那還易叫、易記，但其他名字容易因同音異字，而誤叫誤傳了。

網路上介紹三環幫，把當時的創幫老大沈信吾（訓武），竟然錯誤理解為「湛洲吾」。信吾是學生幫派時期的重要人物，我們是熟識的朋友，對這位重量級的知名人物，姓名也能錯成如此，其他的就不用多言了；我還看過另一篇更荒唐、離譜的網路文章，說在民國四十八年四海幫聯合了文山幫共同圍剿竹聯幫，這純屬子虛烏有，是從頭到尾根本沒有發生過的事。

當時我正帶領文山兄弟對四海陣營採取攻勢，雖然民國五十至五十五年，文山、竹聯、四海、血盟四幫之間有血腥混戰，但共同的敵人仍是四海陣營，我們沒有任何一幫跟四海曾聯合過。

上述的驚人錯誤，並不能歸咎於撰寫者，因為幫派內的機密事件，除了負責人與參與的核心兄弟之外，幫內兄弟也不一定人人皆知。在民國五〇年代初期，由於學生幫派的規模、人數、影響都擴大，**政府也採取應對措施——派了一批人，滲透各重要幫派**，潛伏在各幫派的內部。啟禮當時還提醒我，要特別小心。因此為了大家的安全與保密起見，關於幫內的重要行動，除了參加的兄弟之外，許多兄弟都是不知情的。

所以要**寫一部牽涉到文山、四海、中和、三環、萬字、竹聯、虎盟、血盟、三張犁、北聯、牛埔等，各大幫派與人物之間的恩怨情仇之全面社會幫派史**，除了需要作者本人親身參與外，還必須是那段漫長歷程裡的主要人物，才有可能了解由局部的細節到全域演變的過程中，各幫之間人物的互動下，產生的重大事件之真相。

關於臺灣幫派史

將民國四、五〇年代的學生幫派與當代的幫派比較，可以看出「幫派」本質的變化——前者的基礎是「道義」，後者則是建立在「利益」上，在意識形態上就有極大的差異。從這樣的變化中，不難看出人們為何會對幫派逐漸產生負面的看法。

幫派的歷史源遠流長，它是依據地緣性、宗教性、政治性、軍事性、商業性等不同性質形成的組織，有兩種性質混合的，也有多種性質混合的。

從劉邦斬蛇聚眾起義、東漢張角的太平道黃巾起義、唐朝黃巢之亂，到宋朝的水泊梁山一百零八將、明朝的朋黨、明末清初的洪門、青幫、天地會、大運河的漕幫、太平天國、白蓮教、捻軍、義和團、紅槍會、大刀會、徽商、晉商、潮商（徽商、晉商和潮商並稱中國三大商幫）、近代的潮州鶴佬幫、軍閥與政治派系、小刀會、斧頭幫等，都是幫派形式的組織。

甚至清末的潮州黃岡起義、徐錫麟和秋瑾的皖浙起義、黃花崗七十二烈士、武昌起義等革命運動，也是以「會黨」成員為主。會是幫派，黨是朋黨（由志同道合的人聚集成黨派）。革命的原動力是信仰，但行動靠會黨，所以中國的近代革命也離不開會黨。孫文早年也曾加入洪門任紅棍（洪門裡的頭等職稱，專給已有相當高地位的人物），這對他在南洋與北美的募款及招納革命志士，帶來極大的幫助。

幫會在過去各有其運作的功能，並不全是暴力黑社會的泛稱，而幫會也不一定就是負面的貶詞。

民國三十八年國民政府遷臺，有些大陸的清洪門幫派山頭就隨政府來臺，如黃金榮、杜月笙的恒社、南京幫、青島幫、山東幫、廈門幫、汕頭幫、潮州幫等。加上臺灣本地與中南部的兄弟會與歷史久遠的天地會衍生出的各地區角頭，就是政府遷臺後，臺灣江湖最初的生態。

臺灣江湖的劇變從民國四〇年代初開始：由人員、組織較少的單元生態，如十三太保、十八羅漢、海浪、十五雄獅、小五盟、南京幫、廈門幫等，逐漸走向百花齊放、百家爭鳴的多元時代；打鬥的兵器由飛輪、彈簧刀、鋼絲鞭，轉向短刀與長兵（長兵指武士刀與指揮刀）；打鬥的形態，更由拳打腳踢的單挑，轉向兩人以上的捅刺與砍劈。

此時因同鄉或同校關係，逐漸形成的各個學生幫派以及各地區角頭，有如雨後春筍般冒出，而以地緣為建構核心元素的組織，依託某一地點為中心迅速發展、成長，讓臺灣江湖形成群雄並起，逐鹿中原的局面。

例如文山區文山中學的老文山幫，沿新店線延伸出的新店、大坪林、景美、公館、水源地、古亭庄等地，發展出文山各個支系，還包含新文山幫；板橋中學、新莊中學及大同中學也發展出四海幫，逐漸在臺北產生影響力，於一批批學生幫派中居於主導地位；中和幫瓦解後衍生出萬字幫、三環幫及竹聯幫；南強中學衍生出南強聯盟。

第一部——只知道義氣的青春歲月

01 竹聯幫與四海幫，最初都是學生幫派

現在回過頭來看，當年我們這些讀初、高中的學生打架、參加幫派，並不是為了金錢或利益，因為當時根本就沒有任何利益可言。我們多是為了講義氣、為了挺朋友出頭。

當時的兄弟為義氣拚鬥，與現在的兄弟為生活而作為一種職業是大不相同。從當年的兄弟之間以道義為基礎，轉變到現在的兄弟以利益為考量，兩者隨著環境與時代的改變，不只在本質上出現差異，價值觀也有很大的不同。我們過去加入幫派，**除了有依託、倚靠、保護、互助作用的團體意識外，同時也帶有一點時髦感，是當時一些血氣方剛的青少年尋求認同的一種選擇。**

廈門幫安納被刺事件

說到時髦感與認同感，讓我不禁想起一件曾轟動一時的廈門幫安納被刺事件。這件事發

生在我初三或高一的時候，在後面內容也會提到的保端大哥與許國老大哥，告訴我此事的來龍去脈，也讓我往後對幫派的憧憬產生微妙的影響。

當時江湖上遷臺的老舊黑社會幫派，如山東幫、南京幫、青島幫、廈門幫之中，從福建來的廈門幫較為活躍而有名氣、實力。老四海兄弟吳國術與其有較深的關係，他父親是大陸撤退前的廈門防衛司令，他們家於民國三十八年遷臺後，定居臺北並在小南門開了一家健身房。當時的健身房是年輕人的時髦場所，吸引不少青少年趨之若鶩，來練身體與肌肉——練成健美的三角肌向人炫耀，是那時候在男性之間流行的時尚玩意。**廈門來的同鄉年輕一輩自然在那家健身房進出、聚集，而逐漸形成了廈門幫**。

這時幫裡出現了一名年輕人叫安納，雖然安納是後起之秀，但他的智慧與能力讓他在幫裡很快竄起，不久就升到頭領的位置，但因他先前在廈門幫沒有什麼顯著的功績，所以他的快速竄升，得不太到幫內老兄弟的認同與輔佐，他的位置與權力並不穩固。

我的老兄弟袁雲剛過去常與寇為龍、吳國術在一起，三人是至交的好兄弟，有一段時間在臺中打遍當地各路的英雄好漢，被人們稱為「三劍客」。袁雲剛有一次打了廈門幫安納的兄弟，雙方就約在小南門的健身房談判，出席的有廈門幫安納的兄弟與帶領四海的大哥倪正中、袁雲剛、吳國術等人，之後因為由吳國術出面斡旋，雙方不但化干戈為玉帛，安納還與袁雲剛結為兄弟，從此之後，安納與袁雲剛就經常往來。

安納主要的活動地盤在江山樓（按：過去位於臺北市大稻埕的著名飯店，提供青樓女子以「藝旦」形式，陪酒服侍的工作機會。建於一九一七年，設立三十二年後走入歷史，於一九七六年拆除）一帶，所以常邀袁雲剛到江山樓碰面。

某日他們到一家青樓聚會，剛上樓梯時突然有人向安納背後連開兩槍，安納不幸中槍倒下時，袁雲剛急速向前將他扶住，安納回頭一望，從背後向他開槍的，竟是他一手提拔的副手黑人（外號）。安納大罵：「你這婊子生的！」然後在袁雲剛懷中氣絕。

根據袁雲剛親口告訴我，事後黑人逃了、案子也沒有偵破。原來黑人自己想篡位所以暗殺安納，並不是廈門幫裡老兄弟指使，但黑人已是四海幫副手的繼位者，他為何平白無故做這件江湖上大逆不道的惡行？安納招來的殺機仍是一個沒有解開的謎團，或許是因為他在幫內沒有特殊的貢獻與戰功，本身在幫內基礎並不是很堅固的情況下竄升，導致其他老兄弟的不滿而引來殺機。

許國老大哥說：「安納平時的穿著時髦，他身上披一件披風，頭上戴一頂西式的帽子，

▲ 江山樓為日治時期大稻埕的著名飯店，提供青樓女子以藝旦形式，陪酒服侍的工作機會。

很帥氣。」而安納在各種場合也氣派十足，尤其與外幫談判時，常常以場面震懾對方。聽到這裡，我的腦中立即浮現了一位神采飛揚、風度翩翩的江湖俠士。這位帥氣的安納，也贏得了許多酒家小姐及青樓女子的青睞，尤其江山樓的小姐們更是大都跟他結過露水姻緣，他在女人堆裡可是大有名氣。

安納出殯的場面非常浩大，俗話說「人死留名，虎死留皮」，安納卻是「人死留情」。當時延平北路是臺北有名的燈紅酒綠區，據說除了政商名賈出席他的喪禮，許多延平北路上的酒家小姐、青樓女子，也都參加了安納的喪禮，送他最後一程。一代廈門幫頭領就這樣英年早逝了。

現在很少人知道這件事，畢竟年代太久遠了。這個事件也對當時年少的我產生微妙的影響，但到底是什麼具體的影響，一時也說不上來。

民國四十七至民國五十年間，我逐漸在學生幫派裡產生較高的知名度。這段時間我積極的組織兄弟，帶頭對四海、成功新村、三環幫等幫派連續發起突擊，並在豫溪路口事件後（詳見第二章），以外交手段聯合三張犁、北聯的兄弟，以及李傑的北投十五兄弟等，出擊西門町的四海幫成員（三張犁與北聯很義氣的立即與我共同進擊四海。而李傑是在豫溪路口事件之前就與我義結金蘭）。

我逐漸和文山區、新店線、中和鄉及臺北縣市的各盟友兄弟，形成了反四海陣營，而竹聯幫也因此得到雪中送炭的援助。經過這些年的打鬥與拚殺，我累積了無數的現場戰鬥經驗。這對我往後的外交、組織、訓練、作戰與調度指揮，均有很大的幫助。

從民國四〇年代的後期，由於籌建新文山與出擊的成功、改變竹聯主動出擊而取得戰果、培訓血盟中生代新軍的眼光銳利，我在大臺北江湖舞臺上，逐漸成為這個舞臺中心的主角。在往後漫長（民國五十至五十五年）而血腥的四幫混戰期間，我逐漸掌控這個混戰局面而趨於主導地位，也是我江湖生涯裡的一個高峰。

盛年不重來，我在尚武背景中長大

一個人的童年時期經歷對塑造其人格有決定性的影響，因此我的家族在我幼年時的教育，對我一生的成長帶來極大的影響。

我的家族是傳統的軍人世家。祖父柳曉青，號雲壽，前清以秀才入武備學堂，開風氣之先，任職浙江新軍，為浙江軍界先輩，早年參加光復會與同盟會。父親柳傑，字際芝，黃埔軍校五期。母親鍾文金，中央軍校十五期，早期唯一的女性步兵上校，第三、四屆臺北市議員。伯父柳際明名善，保

▲ 小時候的我和父親與母親的合照。

定軍校八期，對日抗戰時期，以井田阻塞戰重創日軍。

另外，我有一個堂哥柳茂筑，陸官二十九期畢業，堂妹柳茂秋及小叔所生的堂兄弟柳敏。以及一位弟弟娃子，他也是建議我儘早寫回憶錄的人之一。

據母親說，我是在四川涪陵的一家教會外國醫院出生的。那時候日本人瘋狂的轟炸重慶及附近的城市，涪陵也在轟炸範圍之內。有一天發生空襲的時候，住家因為震動導致大量灰塵掉落，把尚在襁褓的我的口鼻塞住，使我不能呼吸，性命垂危。

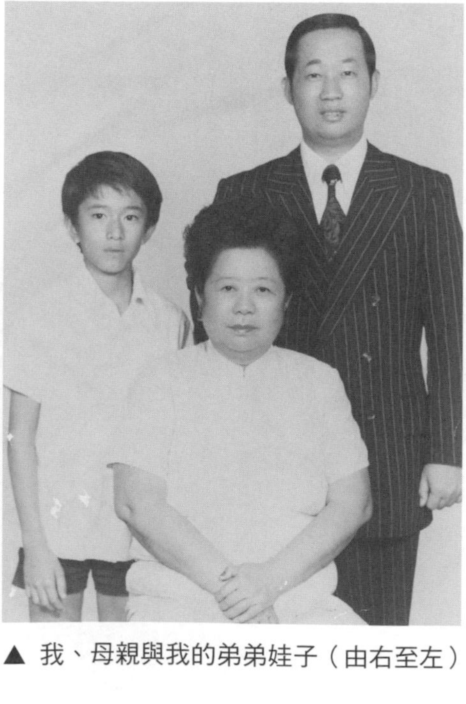

▲ 我、母親與我的弟弟娃子（由右至左）。

母親見此情景，勇敢的將我抱起，並衝出屋外、跑向醫院。母親還說那時在街上，人們的屍體散落各地、掛在電線桿上，實在是觸目驚心、慘不忍睹，處境更是危險萬分。母親奮不顧身的衝進醫院當下，正好撞見幫我接生的主治醫生，於是立即先搶救我。當時我已面色發灰、四肢抽搐，再晚一點可能就失去性命。我永遠不會忘記母親對我的恩惠與慈愛。

自從我有記憶開始，我已住在（位於今中國浙江臺州市）臨海邵家渡灘頭村的家裡，村裡九成以上的人都姓柳。祖父、祖母和大伯母住在老屋裡，我和父母住在剛蓋好的新屋。老屋幾乎有一所學校那麼大，大門與牆壁上還留有被土匪攻擊過的彈痕。記得小時候，祖母對我十分疼愛，經常給我甜食，如芋頭、糕餅和湯圓，但她在我五、六歲時就過世了，我到現在還懷念著她。

我住的新屋坐落在村裡一處地勢較高的地方，房子的四周有圍牆，牆內擺了一塊塊「釘板」，如果有盜匪從牆頭上跳下，就會被尖釘刺穿腳板。屋中有多間正房，兩邊還有大穀倉，大門外不遠處有一條小溪流，我也常與朋友一起在那追跑、玩捉迷藏。由於我愛吃黃豆，大家就叫我「豆豆」，後來就叫成「頭頭」，也是我的小名。

一個人出生在什麼樣的家庭與環境，對其一生的成長有很大的影響。我的祖輩、父輩都是職業軍人，軍人免不了上戰場，而殺伐是戰場的生存準則，我的家族又是民風勇悍的浙江臺州人，民間的械鬥與仇殺可說是習以為常。我是在這樣尚武家族的背景下成長，長輩認為男人經過刀劍的鐵血磨練，往後他就能勇於面對未來的艱難險阻。

民國三十八年，我和家人到了臺灣。從基隆上岸後，暫時住在姨父周再華位於和平島面海的小別墅裡。過了一個多星期，我們就搬到桃園民族路上一棟日式的大房子。那是大伯父的房子，是政府配給高級將領的。因為房子很大，所以伯父分了一半給我們居住。

當時桃園有兩所國民小學，一所是靠近虎頭山忠烈祠的東門國小，另一所是離家不遠的桃園國小，我當時就讀的是桃園國小。

我在桃園讀小學期間，堂哥柳茂筑正好讀桃園中學。在他的年代，有名氣的幫派有十三太保、十八羅漢、十五雄獅、海浪等。我那時候年紀還小，頂多只是打打小架，還沒有什麼幫派概念。不過茂筑哥偶爾會帶著他的腳踏車，和我一起搭火車到臺北後，騎著腳踏車載我與他的海浪兄弟見面。我因此認識了如許國、萬獅同、高遠普這幾位老哥兒們，這算是我最早接觸江湖兄弟的開始。

我在臺灣的國小教育也是從桃園開始的。第一個兄弟八號仔、好兄弟老雞婆等都是桃園當地人。最好的同學與朋友是黃希聖、陳豐治、黃光俊，朋友是陳弘次、朱帝等，他們都是桃園人，而黃希聖是對我協助最多的同學。桃園是我在臺灣一切的開始，也是我打鬥與涉足江湖的第一站。之後因母親工作更換地點的關係，我在五年級時舉家搬到萬華雙園國小旁邊，於是我轉學到雙園國小。

國小畢業後，我是應屆畢業生中唯一通過「五省中聯合招生」（五省中指建國中學、師大附中、成功中學、北一女中、北二女中〔今中山女高〕）考進師大附中的學生。後來母親因公調到木柵溝子口的「革命實踐研究院」分院擔任副隊長，我也轉學到師大附中中的分校——「木柵聯合分部」借讀（簡稱「木聯」，實踐國中前身）。

初中時期，我認識了許多好兄弟，如黃龍、鞭雨塵、樂鳳岐、蕭定人、三環幫的郭紹強（他們都住在木柵溝子口一帶），還有一些木柵當地的角頭兄弟；我在附中的好同學有陸屏東、黃海雲、趙家振。前面提到的黃龍，是當年上海黃金榮的孫子。黃金榮是蔣介石當年在上海拜的老師，他的另外一個徒弟就是杜月笙，蔣介石算是杜月笙的師兄弟。所以黃龍家族也是大有來頭。

木聯時期的同學還有劉少玫、黃麗、姚家慶。我父親過去在北伐時曾騎了一匹白馬拜訪姚家慶的祖父。這是家慶的父親告訴他的，所以我們算是世交。

民國四十五年左右，我認識了一個小我兩屆的學妹，陳小瑛。她長得甜美又親切，是大家心目中的大美女。**後來我在古亭區經朋友介紹，認識了小瑛就讀強恕中學的哥哥——陳啟禮**（民國四十六年陳啟禮自強恕中學初中畢業，就讀南強中學高一，之後再回強恕中學讀高中）。

啟禮小我兩、三歲，但跟我同年級（因為我進桃園國小時，降級兩年級），他也是在四川出生。啟禮當時還沒開始混兄弟，是行為非常端正的人。他的家庭可說是法界世家，父親陳鐘是位法官，母親是書記官。啟禮的父親是一位斷案的能手，許多困難的案子他都能審理得很清楚，是一位難得的好法官。

我在初中時期，以我的個性，是少不了打架的，尤其是在彈子房（以前的撞球場）這種各路人馬聚集的地方。有一次，黃龍與我跟虎盟的人打了起來，黃龍的鼻子還受了傷。

▲ 黃金榮，舊上海青幫頭子，是我的好兄弟黃龍的爺爺，蔣介石、杜月笙的老師。

有些架還是不明不白的就打了起來，記得我讀師大附中初一的時候，在腳踏車的停車棚推腳踏車時，不小心撞到別人的車輪，道歉也沒用。等我騎到瑠公圳附近（後來的「小美冰淇淋」工廠斜對面），發現已經有人在那裡堵我。因為他們人多，有三個人，所以我被打得鼻青臉腫。這個時候的打架，都只是拳打腳踢，沒有動到什麼傢伙。

不過在我初二、初三左右，長兵和短刀就已經慢慢的普及。同時，這個時候我也累積了一些個人的打鬥經驗。

到了就讀文山中學的時候，與我較好的同學與球友有李偉、彭漢雲、孫孝增、同班同學袁雲剛與胡柳虎、方亦森、何惠東、老學長孔令德。何惠東也是我以前在上海虹口小學的同學，他是我這輩子同班最久的同學。他後來又成為我在淡江文理學院（今淡江大學）的同學，可說是緣分深厚。

因為文山中學是男女合班，所以我也認識了幾位班上的女生，大家都相處得很不錯。我

▲ 我（左一）與陳小瑛（左二）、陳啟禮（右一）等人合照（右二姚敏鐘為陳啟禮的元配，因陳啟禮情婦曼娜吃醋，而用菸頭燒毀照片中姚的面目）。

在家開了幾次舞會，她們都來參加過，水源地的兄弟也來一起同樂過。所以我們不是每天都在打架，對於舉辦和參加舞會也很熱衷，那可說是年少輕狂的青春歲月。

在我高二的時候（我的年齡比一般的高二生還大兩歲），經朋友介紹，認識了一位叫做梅子的商展小姐，我們隨即展開一段熱戀。當時有很多廠商在新公園（現在的二二八和平公園）展覽商品，而梅子的工作就是身穿旗袍，胸前別著名牌，站在攤位前推廣商品。有一陣子選拔前三名的「商展小姐」，投票持續了好幾天，啟禮很熱心，第一天下午一點左右，就帶了一大票朋友跟兄弟幫她拉票，一直持續到傍晚，而且還來了好幾次，拉了不少票。這是我與啟禮非常值得紀念的一件事。

這就是我們的初高中時代。既然講到這個時代，就要介紹一下當時臺北幾個比較有名的外省幫派，和他們的浮沉起落。

四海幫，戰力強又有謀略

先講當時民國四十二年由板橋中學與新莊中學的學生組成的四海幫。他們成長得很快，因為帶頭的兄弟寇為龍、陳自奮、馮竹語、許特上、甫國東、吳國術、袁雲剛、李政國、田克軍、李可萍、焦際良、黃毛、藺磊俠等人，提攜且愛護後進的兄弟，加上老兄弟的凝聚力強且團結。

由他們帶領的後輩與一批中生代兄弟，不但戰鬥力強，更有謀略。如在跟文山水源地的偶發性衝突裡，當章尊紀與管銘捅傷了四海兄弟時，四海並沒有衝動的與尚有力量的文山全面開戰，而是採息事寧人的方法來和解；但面對針對性的衝突，他們對於敵對陣營的重要關鍵人物會施以重擊，且都是有恩必還，有仇必報。這些特性，應是四海快速成長的原因。

四海在每一次發動突擊前，都會做好準備與規畫。他們的老兄弟在年齡上，是民國二十七年次、二十八年次至二十九年次左右；而竹聯的兄弟大都是民國三十二年次左右，以及部分剛進入江湖的兄弟。

除了「老么」（主管作戰事務的人）周榕是較年長的民國三十年次以外，整個竹聯與其他幫派相比，在年齡上都算是「小孩幫」。何況在那個時候，往往年紀大幾個月就算大很多的了，相差了五、六歲是相當大的差別。無論在經驗和戰鬥上，程度都有所差異。

在這種情況下，其他的幫派不論是本省角頭或外省幫派，若想單獨與四海作戰，往往會被四海有計畫的作戰一一壓制。這也造成了一種現象：臺北有很多幫派，如萬華的角頭「黨部」（陸寶興、龍角等）、中正七雄（獨眼龍、小沈）、中和幫（後來衍生出萬字幫、三環幫與竹聯幫）、虎盟幫、血盟幫、新文山幫等，都把四海幫當作攻擊的假想敵。而當時和我較親近，以及後來與我關係密切的文山幫、中和鄉的萬字幫、竹聯幫、虎盟幫、血盟幫，也逐漸與四海有不少的摩擦與衝突。

四海當時活動的基地，主要是在師範大學與臺灣大學的操場，以及西門町白光咖啡廳等地方。四海的老兄弟有寇為龍、陳自奮、馮竹語、許特上、甫國東、郭啟暹（瞎子）、藺磊俠、周自新、周自立、李可萍、焦紀良、李振國、胡柳虎、吳國術、袁雲剛、黃毛、裴建銀（卡背，是我附中的同學）等人，他們都是跟著板橋中學的一位老哥倪正中。

四海也有分支，包含成功新村、飛虎幫、從中和鄉分出來的盟友三環幫，以及後起的四維幫（老大楊愛時、蔡冠民）等。由寇為龍、陳自奮、吳國術、袁雲剛為首的老四海兄弟，帶領後續的兄弟與中生代，有夏玉明、智將王大衛、蔡冠倫、智勇雙全的楊愛時及蔡冠民等，長期保持著一定的戰鬥力。這是一支不容小覷的力量。

文山幫，最老牌的學生幫派

而文山幫是最老牌的學生幫派，源於文山區

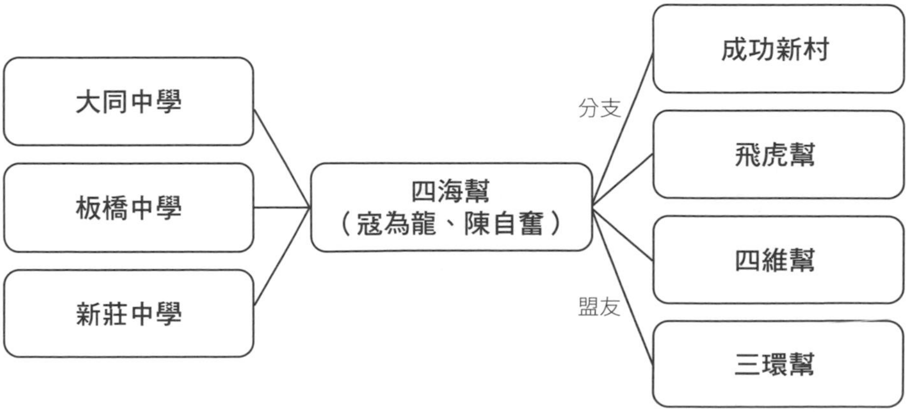

▲ 寇為龍與陳自奮是四海早期對外戰鬥的主要領導者。四海早期的第一次重整後，就以陳自奮為老大統領全幫。

新店的文山中學。幫內老兄弟有老大李保端、水兵（水手）、吳德松（冬瓜）、張自新、莊晉、許濃、趙鴻飛等人，都是當時在大學就讀、為人正派的讀書人，且對後進兄弟也很愛護與支持。

由新店線延伸出的文山支系，有新店幫的王安仁（老大）、吳經農（小龍）、車仁俊等人，還有大坪林的內山、景美的一角，和水源地的段雲笙（老大）、章尊紀、管銘、劉晉成（小次）、侯柱國、雷虎笙，及古亭庄的王科、臧忠望、夏強華（三角頭）、小青島等兄弟。

然而當時文山老兄弟都已讀大學，並且退出江湖。雖然分支各派的兄弟在臺北都是有點名氣的人物，加起來也具有一定的力量，但比起勢力上升中的四海，文山已呈現「老化」的現象，且支系各自為政，

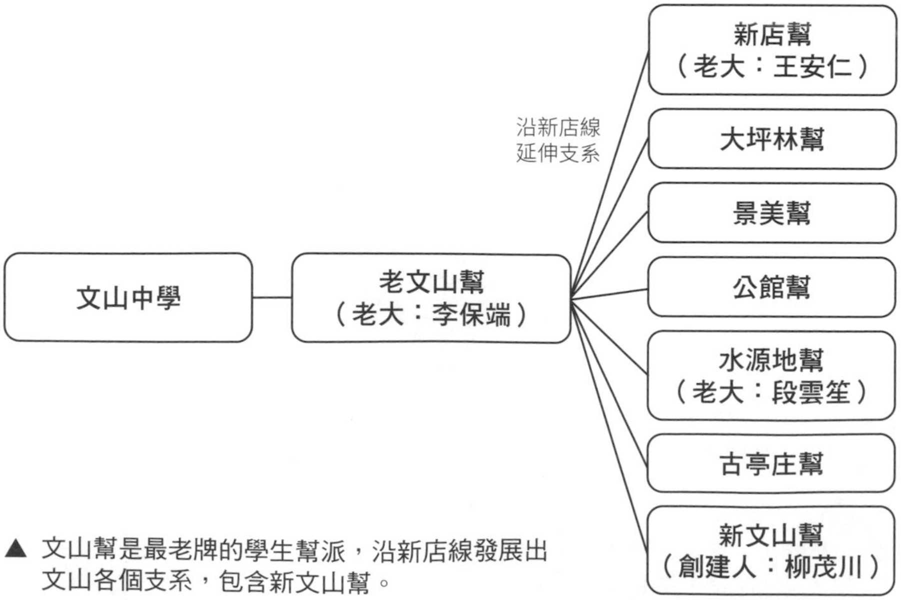

▲ 文山幫是最老牌的學生幫派，沿新店線發展出文山各個支系，包含新文山幫。

故逐漸走向下坡。

有一天，文山幫的孫德培在一次閒聚時，現場房內突然燈暗下，被人打了幾拳，這顯然是有意為之。住在中和鄉的許國（許國老大哥與我堂哥柳茂筑原都是海浪兄弟）老大哥事後就對他說：「既然文山有兄弟排擠你，那你就來中和鄉拜中和幫吧！」孫德培的離開對文山也是一個損失。

孫德培與兄弟建立中和幫後，仍持續與四海幫戰鬥。但後來發生了「南昌街周天送血案」。孫德培、饅頭和我的老兄弟李政家等三人，一起把一個叫周天送的少年用童軍刀從背後捅死了。他們入獄後，中和幫就衍生出三個幫派。這三個幫派分別是萬字幫、三環幫與竹聯幫。

萬字幫的成員包含老大潘世明（小潘）、潘世至（大潘）、財多、錢順凌（小錢）等人，他們跟我關係較好。在民國五十至五十五年這段四幫混戰時期，我還邀請錢順凌擔任文山的老大，由他領導文山對外

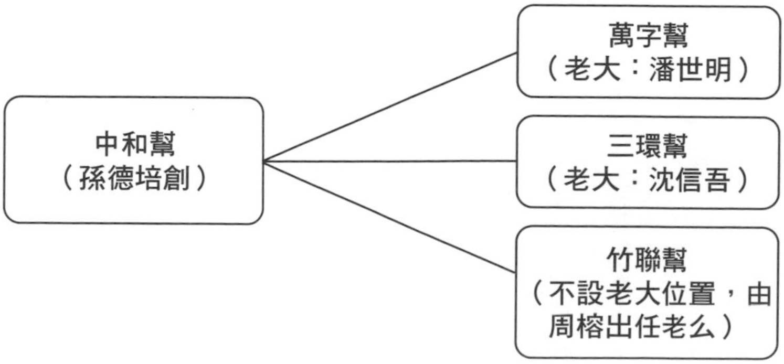

▲ 中和幫為孫德培離開文山幫後與兄弟建立，後因「南昌街周天送血案」入獄，又衍生出三個幫派。

的作戰。萬字幫延續了中和鄉的傳統，繼續跟四海戰鬥。特別一提的是，小潘的拳頭特別厲害，常常一拳就能把人擊倒在地。

有一天小潘告訴我，萬字兄弟與寇保、阿奮統領的四海幫，在臺北工專（今臺北科技大學）內發生衝突。當時寇保跟阿奮占了上風，把萬字的人馬團團圍住並向內砍殺，而小潘等人只能背靠背的也圍成一圈向外突圍。在危急的關鍵時刻，小潘一馬當先，一拳將四海一位兄弟擊倒在地，並順手拿起萬字兄弟掉落在地上的武士刀，帶頭殺出重圍衝向工專大門。後來大家聽見由遠而近的警笛聲，雙方人馬才各自撤離。

還有，老大沈信吾、趙琳、郭紹強、王道興、小趙等人組成的三環幫，我跟這幾位老兄弟很熟。早在新文山幫未成立之前，我就常去臺大打球。因為他們當時主要也在臺大的校園活動，所以大家常一起聊天。沈信吾為人平和、有氣度、有雅量，我與他較談得來；郭紹強跟我一樣住在溝子口，幾乎是溝子口的兄弟。他為人老實、話不多。因為我成立新文山時，郭紹強已經是三環的第二任老大，所以也不方便邀他進文山；至於王道興，不但跟我打過架，我們還因不同的案子被關在臺北看守所的同一個房間。因為沈信吾與趙琳跟四海的關係一向不錯，所以後來跟四海走得較近。

上述的萬字與三環，均是由中和鄉較有名氣以及有戰鬥經驗的兄弟組成。而竹聯（竹林路聯盟）的成立，則是由部分中和鄉兄弟，和一些年紀較小且尚未進入江湖的學生，如劉永吉帶來的陳啟禮組成。

四海突襲，中和鄉三戰皆敗，五年後我雪恥

竹聯認為自己是中和鄉的繼統與延續，所以不設老大的位子，將老大的位子留給孫德培。另外，由較年長的周榕出任「老么」，加上瘦子、王泉心、林國棟（活寶）、劉永吉、陳啟禮（旱鴨子）、水鴨子、辜慶爾、新世樂、新世志、豆干、張恆昌等人，共同組成「竹林路聯盟」。雖然他們年紀較小，但秉持中和鄉的傳統精神，繼續與四海戰鬥。

中和幫的李政家是當時與我最親密的生死戰友。他是最會闖禍、最愛打架砍人的兄弟。他在「南昌街周天送血案」出獄後，還是繼續闖禍。每次打架砍人他總是找我，而我也都會奉陪到底。每次我都會帶頭衝，把別人砍得很慘，所以他總是在別人面前說我是「勇冠三軍」的戰將。

但有次他差點替我闖了大禍。那次在臺北圓環砍殺拚鬥時，他下手重，我下手更重。不過差別是，他不慎砍到別人的頸動脈，讓對方送醫急救。還好後來急救成功，不然我的江湖生涯可能就此結束了。

在萬字幫被四海軟化而與其和解後、虎盟尚未與四海發生大規模的交戰（詳見第二章）前、新文山尚未進擊四海時、臺北反四海陣營尚未形成的階段，竹聯成為抵擋四海的一支重要的力量。由於四海在年齡、經驗、戰鬥能力與統合的優勢上，均高出這個剛誕生的年輕幫派許多，所以這個幫派接連受到四海的突擊。

民國四十七年左右，某天下午幾位竹聯的兄弟周榕、趙琳、林國棟、王泉心等人，在一座中和通往臺北的中正橋頭，其右邊的寶泉冰店二樓聚會。四海的老大寇保與阿奮，帶著一批兄弟分乘兩部計程車過去突擊。當他們衝進冰店一樓時，趙琳想要拉架；機智、果敢的王泉心，在一樓拿了椅子擋在樓梯口與四海爭鬥，不讓四海人馬衝上樓；個性厚實、勇敢的周榕也一馬當先的衝下樓拚鬥。但寇保輕而易舉的砍傷了王泉心與周榕的手臂。

寇保下手重，還不小心傷到他帶來的一位成功新村的老弟。兩方正要繼續拚鬥時，警察突然出現了，寇保與阿奮就迅速撤離，警察在追他們的時候還開了槍，他們則是先跳進淡水河，游渡至對岸的水源地後才安然脫離警察的追捕，這是相當遠的一段距離。後來是陳自奮（阿奮）把這件事扛下來的。

在民國四十五至四十七年，四海曾展開三次重要的攻擊行動，第一次是寇為龍、陳自奮領軍，與萬字幫小潘於臺北工專激戰，小潘雖英勇率兄弟拚鬥，但仍難敵老四海寇為龍、陳自奮這兩名大將的包圍。萬字兄弟奮起突圍之際警方到達，四海與萬字就各自奔離，但還是四海占上風。

第二次也是寇為龍、陳自奮帶隊，突擊中和鄉中正橋頭的寶泉冰店。寇、陳直衝店內二樓，幸虧王泉心、周榕帶傷奮勇堵住樓梯口，正在危急之時警方鳴笛鳴槍，四海只好倉促撤退。但四海在光天化日下公然突擊竹聯的聚會點，行動果敢、堅定而具有膽識，這次也是占了上風。

第三次是四海趁中秋之夜，突擊毫無防備的中和鄉豫溪路口，砍斷了當時不是竹聯兄弟的無辜小弟陳思景之臂。我當時雖然左手背受傷，仍鼓起勇氣衝撞迎面揮刀的來敵，縱使伺機奪刀未成，卻幾乎扭轉局勢。但此役竹聯留下慘痛的敗仗，等到五、六年後，我率新銳血盟砍斷敵臂，才雪了此役之恥。

書中對於四海與萬字的「臺北工專之戰」、突擊中和鄉橋頭的「寶泉冰店之戰」、竹聯中和鄉「豫溪路口之戰」之描寫，**均是我託我弟弟娃子拜訪寇為龍時，由他親自敘述這三件事的實際情形，由親歷者、知情者互相印證，還原當年的實際經過**。在此我特別感謝寇為龍，能在完全退休的閒雲野鶴之際，特別抽出珍貴的時間接受舍弟娃子的拜訪，並親自講述這段寶貴的往事。

後來，四海也曾多次安排夜襲：吳國術多次帶頭趁雨夜突擊，中和、永和、秀朗等地點都是他突擊的範圍，多次砍傷竹聯的兄弟，有兩次還傷得頗重。竹聯雖也做出幾次反擊，但多數沒有得到戰果，無法占上風。

戰力旺盛的血盟幫助我一臂之力

另外與四海有摩擦衝突的是血盟幫，因為血盟幫也在臺北市中心一帶活動。我與他們在民國四十四年就有來往，血盟老一輩的兄弟有駱華雄（駱駝）、老咪、金老二、王國康、江輔仁、蔡安宇（卡基褲）、吳天山、包寧慈、陳功等。（駱華雄、金老二是我的附中同學，王國康、江輔仁、蔡安宇、吳天山則是老朋友）陳功後來去基隆讀書，所以很早就拜進以吳沅新為首的基竹（基隆竹聯）。

陳功真的是一位猛將，他講義氣、重倫理、話不多。在一次對基隆和平島當地流氓的戰鬥中，他以一把羅馬刀（羅馬刀不長），趁著晨霧，單槍匹馬殺進敵陣，連砍帶劈許多人。民國六十一年，因啟禮被送至外島管訓，陳功以戰功卓著，我任命他為**竹聯的總掌法**，統領全幫。

▲ 我與陳功（左）合照。

除了老一輩的血盟兄弟跟我很要好以外，中生代的血盟兄弟也和我很親近，如劉北平（三毛，血盟掌法）、徐印衡（小毛）、劉西平（二毛，劉北平的二哥）、董愛群（小董）、劉秀雄（阿擺）、黑豹（王鳳臻）、何汝州、小青、張彤雲（東北王張作霖的孫子）、徐京生、張雅明和眷村的子弟等人。因為他們年紀較小，有活力、有潛力，我以前會帶領他們到長春路，與一些當地的流氓打鬥以練習戰鬥。

臺北眷村子弟很多被血盟吸收為新生代兄弟，傑出者如何汝州、小青、張彤雲等人，也有由建華新村部分子弟組成「黑旋風幫」，支援對四海的作戰。

有幾次戰鬥讓我印象特別深刻。有一次我在長春路頭左邊的草地上與大家討論事情，突然有兄弟報告，有十幾名流氓持刀在長春路中段鬧事。我聽到後即率三毛、小毛、阿擺、黑豹、小董等兄弟，趕至鬧事現場（在豫溪路口小弟斷手事件之後，我命令所有兄弟外出時都要「貨不離身」，至少三到五人一組行動、隨時保持警覺）。

到達後，我先衝向路左邊的數人劈砍數刀，有人即逃向稻田，其餘的向長春路尾逃逸。此時突然有人叫了一聲：「柳茂川！」我回頭一看，原來是北聯的黃寶鏞和劉昆華兩位兄弟，黃說：「給我一把貨吧！」我立即叫兄弟拋了一把武士刀給他以參加戰鬥。

當我們追到長春路尾的市場時，看見對方築起了一道防線，有人拿武士刀、有人拿路邊攤的椅子企圖抵抗。我從中央的位置往前衝，小毛從左邊一刀砍向持椅者，並劈傷對方的手臂。三毛從右翼劈入敵陣，阿擺與黑豹同時從左右跟進攻擊，小董斷後。對方在此陣勢中瞬間被擊潰並逃竄。

還有一次突擊三重埔菜寮時，我方遭受埋伏，幸好我奮勇衝前，趁敵將一強捅直刺過來時，我右閃向前，趁隙一刀砍倒敵將，我方就奮起突圍而出。

經過多次戰鬥的洗禮，每個人面對敵人的反應也逐漸成形，我於是總結大家的特質，就以劉北平領陣為中鋒、徐印衡為左鋒、黑豹為右鋒、劉秀雄為中堅、董愛群帶領何汝州、張彤雲為後衛，構成血盟的攻守強陣。往後此陣屢屢克敵制勝，獲得許多戰果。

另外，當劉秀雄高舉著武士刀揮舞時，攻擊非常犀利。他曾在長春路邊的壕溝內，抗拒老四海李政國的圍攻。當時四海人多，血盟兄弟被困在壕溝內。但秀雄用精湛的旋弧刀法讓對方連攻幾次均無法得手，直到我方援兵來到，對方不得不退去。劉秀雄實為戰將一名。等長春路與附近的流氓掃蕩得差不多了，而血盟兄弟的戰鬥經驗也足夠了，我們就逐漸把目標放在臺北市中心。接著就與四海發生更多的磨擦與衝突。

3 由於好的武士刀不但稀少而且昂貴，所以當時在武器的取得上非常不容易。為了彌補這個缺點，我想出一個替代方案：把竹竿削尖，然後把尖的部分放在油鍋裡炸。炸過的竹竿特別強韌，而且竹竿的長度可以橫放在計程車裡，攜帶上也很方便，這就成了我們的「強摃」。最早大量使用的是血盟兄弟。在往後對各幫的戰鬥中，它扮演了非常重要的角色。

兄弟，我不會讓你的血白流，一定替你報仇

在這些衝突之前，老兄弟吳天山受到四海攻擊而受了重傷，讓我印象深刻。記得是民國

四十七、八年左右，吳天山參加一個舞會，四海去堵他。在寡不敵眾的情況下，天山的腹部被砍了一刀，當場不支倒地。我一聽到消息後，馬上去醫院接他回我家休養。

因為當時我的母親是議員，所以我家僱用了一位三輪車伕幫忙拉三輪車。為了讓天山方便每天去診所換藥和治療，我每隔兩天就陪天山坐三輪車到羅斯福路康復診所換藥。去診所的路上我們聊著天，天山每次說要報仇時，我就說：「先把傷養好最重要，我不會讓你的血白流，我一定會替你報仇。」過了三個星期左右，看他傷勢已無大礙，我才放心讓他回家。

由於我跟血盟老一代兄弟與中生代兄弟深遠的友好關係，加上有段時間正值老兄弟蔡安宇要上船工作，把血盟掌法職務（血盟不設老大，以掌法作為負責人）交接給中生代劉北平這批兄弟。我就在這個時候帶領血盟的中生代，而血盟經過短期的戰鬥鍛鍊，基於資質好，很快就成為一支新銳戰力。

但當時我也沒想到，血盟中生代能創造驚人的戰功，力挫四海與陳啟禮系的竹聯兄弟。血盟旺盛的戰鬥力，也幫助我逐漸掌握四幫混戰的局面，成為這一時段的主導人物。

02 結盟就是兄弟，竹聯與文山的爭戰歲月

大概在民國四十七年四月左右，陳啟禮剛拜進竹聯。那年暑假他從強恕中學（初中）畢業不久後，和兄弟水鴨子一起在南門市場補習時，與文山水源地的兄弟發生摩擦。

綁架事件與草坪聯盟

之後，段雲笙、劉晉成等一批兄弟，就把陳啟禮（旱鴨子）和水鴨子綁架到大坪林的一棟房子內。劉晉成往地上丟了一把短刀，向他們說道：「我們來單挑！」陳啟禮二話不說，隨即撲向短刀。

大家一看就圍上去打，水鴨子則沒有動。啟禮雖然挨了一頓，但文山的兄弟覺得他很帶種，將來一定能出人頭地，於是要他拜進文山。但不管怎麼說，啟禮就是不肯。

在這種情況下，劉晉成就先把他們軟禁在小屋中。過了兩天，等雙方的態度都稍微軟化

了，段雲笙與劉晉成要陳啟禮與文山結為兄弟，陳也就答應了。而這幾位文山兄弟當時在臺北都是有名的人物，一個剛出道的小老弟能與他們結為兄弟，在當時陳算是高攀了不少。

水源地的兄弟、大坪林的內山、景美的一角等文山兄弟都對啟禮很好，這對他往後的成長與發展都是很大的助力。而啟禮就讀的南強中學也在文山勢力範圍的新店線上。

綁架事件的經過是陳啟禮在事後親口告訴我的。這件事的意義重大，陳與文山兄弟因此事日漸親密。在豫溪路口事件之前，我也沿用了陳的模式，與竹聯結為兄弟，穩固文山與竹聯兩幫結盟的關係。

綁架事件後，陳啟禮在南強中學與修幼齊（紅鵝）、彭澤洪（黑鵝）、黃鵝、張伯樂等兄弟**組成南強聯盟。後來大多數都加盟竹聯，他們後來也成為陳啟禮在水壩拜「草坪聯盟」的骨幹兄弟**（南強聯盟是當時南強中學學生的一個自然形成的組織，一開始陳啟禮還不是主要人物，但由於新店線上文山兄弟的支持，陳逐漸嶄露頭角，並在後來運用這個聯盟，融入竹聯的草坪聯盟，成為竹聯的新起派系）。

綁架事件傳到中和鄉後，當時竹聯的老么周榕與林國棟在未了解前因後果的狀況下，就說陳啟禮叛幫拜進文山，要開除他。而陳也不

▲ 綁架事件後，陳啟禮在南強中學與多位兄弟組成南強聯盟，後來多數加入竹聯幫，成為竹聯內部眾多派系的一支。

甘示弱，他以南強聯盟與支持他的兄弟，合組了草坪聯盟，並自任「總掌法」。

從此之後，**啟禮在竹聯內自成一系**，有別於周榕、林國棟、辜慶爾等兄弟的一派。這也就是為什麼竹聯往後的負責人，由「老么」轉變為「掌法」的原因。**「掌法」負責掌管幫中的內外全盤事務**，而**「老么」則是主管作戰的事務**。

掌法與老么在原則上是由較資深的兄弟擔任，他們負責管理比他們資淺的兄弟；而掌法、老么以及比他們還資深的兄弟，則由一到兩位的幕後主持人（表面沒有任何職稱，卻是實際主持、負責發號施令者），例如後來的我與啟禮，來直接領導全幫。這樣既能發揮全幫的效能，也能兼顧幫內的職位與倫理。

就如在民國五〇年代中期的竹聯大重整後，掌法毛弟、周令剛、童強與老么吳功，他們負責領導民國五〇年代中期和末期拜進竹聯兄弟。而比他們

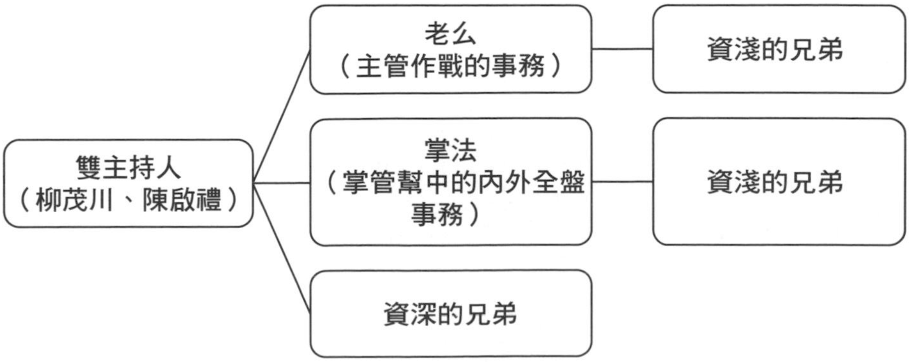

▲ 竹聯的管理模式，主要為由資深的兄弟負責管理資淺的兄弟，講究幫內的職位與倫理。

資深，如陳功、肥婆、鐵蛇、童強、馬面、驢子、肉丸、楊寶麟等人，則是歸我與啟禮領導（詳見第五章）。

在竹聯後來對牛埔的作戰，由資深帶領資淺兄弟的作戰中，證明這樣的模式發揮了極好的效果。

新文山的再起

文山幫在老兄弟均就讀大學後，各分支派系各自為政，力量分散而零落，不能與往昔的文山同日而語。為了延續文山一脈，老大李保端與老兄弟商議後，決定重組文山幫。

我與保端大哥和幾位老兄弟早就認識、有來往，而他們的作風（就我所見，他們幾乎沒有任何的缺點）也是我一向敬重的。加上老兄弟張自新一再誠邀，我就欣然決定加盟文山，負起籌組新文山的重責大任。

我先邀請與我親近的兄弟、朋友、同學參加，比如有樂鳳岐（第二任文山老大）的三兄弟、蕭定人兄弟、蔡明坤、謝浩彰、王時正（小毛）、陳斌、樊輝、任立德（黑立）、張安明、李開芳、俞強生（游龍幫老大）、馬國威、小張、金振甲、李國琪（第三任文山老大）三兄弟、裘楚興、十五水門（臺北大橋）兄弟的王光明、阿龍（獨手龍）、阿勇、戰將彭立、張百年（東文山老大）、小熊、戰將張鶴（掌法）、戰將涂世欽（老么、迷糊）、陳壘（公館老大）、小黨、左五臧、車燈、李松林（文山豹）、小申（申宜生）、吳自清（小吳）、田毅（第四任文山老大）、小熊、徐力航、徐志航、傻瓜、黃毛、鍾誠剛、王小明、包泰宏、徐建初（小克）、何為祁、黃蓉、湯菊銘（小三）等兄弟。同時，保端大哥邀請了古亭文山的王科、臧忠望、三角頭、小青島等兄弟一起聯拜，作為對新文山的「支援」。

新文山的成員，大約九成與我有密切的關係，多數的兄弟是因我加盟新文山，所以**後進的兄弟稱我為新文山的創建人**。新文山兄弟大都有打鬥經驗，而且有些兄弟也都是小幫派的老大和頭領。不過這支剛組成的新軍，缺乏團隊作戰的經驗、默契與必須的武器。

新文山承繼了文山精神追求的道義與倫理，但沒有傳承到重要的作戰經驗與武器，這只能靠我與全體兄弟共同摸索與探求。

在武器的供給方面，當時我提供兩把短刀和一把日本軍刀（由武士刀改裝而成）、陳斌提供了一把漂亮的西洋指揮刀（軍刀）、樊輝有一把鋒利的獵刀、王時正也有一把獵刀。因此，長貨（長刀）只有兩把正貨（真正的日本軍刀和軍事指揮刀）、幾把打造的土貨，一共才七、八把，而短貨（短刀）有三十餘把，其他不足的貨則用木劍補充，兄弟人數則約百餘人。現在回想當時的一人一物的聚合，都來之不易。

我當時考慮到，如果新立的幫派要脫穎而出，進而立足臺北，戰鬥力是必備的基礎，而戰鬥力的培養需要依靠不斷的作戰經驗累積。當時新文山處的大環境——從新店線延伸到古亭，都是文山支系與友鄰的兄弟勢力，處於安定平穩的局勢，新文山可以放手對外出擊作戰。

而我選擇的作戰對象，就是當時強大的四海幫及其支系成功新村、四維，和盟友三環幫。

既然出擊的政策已定，下一步就是實際行動。同時，因為啟禮和文山已結為兄弟，我們在新店線上互相支援，合作非常融洽。尤其在我協助啟禮從強恕中學脫險，挫敗四海的陰謀突擊後（詳見第七十九頁），我們就結為生死兄弟，從此共同奮鬥、合作無間，進而並肩作戰，形成文山與竹聯結盟，一同抗擊四海。

新文山第一次出擊的對手是成功新村。那次除了我、樊輝及陳斌三位老兄弟之外，正好古亭的紅毛和細漢也與他們有些過節，所以也一起去了。我們在離村口不遠處下計程車，進村不久就發現五、六個四海的人站在一起抽菸聊天。

我們一擁而上圍砍他們，我用指揮刀砍傷對方一人的右手臂及右肩，突然對方有另一人不知何故蹲到地上，而紅毛和細漢舉刀向其頭上砍去，我大叫：「不要砍頭！」他們聽到後就砍向手臂與背部。後來我發現已砍傷對方數人，就喊：「我們走吧！」於是大家就撤了。這是首次的突擊戰況。雖然時隔六十餘年，但我仍能清晰記得整個過程。

若紅毛與細漢砍劈對方頭部，就會步上南昌街周天送血案的後塵而釀成大禍，斷送了自己與大家。基於這次的經歷，且臺北已進入短刀與長兵的熱戰期，江湖上的兄弟都熱衷於使用短刀捅刺與長兵砍劈，於是我告知所有兄弟，沒有深仇大恨，不可傷人要害，殺傷人命也等於自絕後路。所以捅刺與砍劈對方時，要以四肢與臀部為主，這樣讓對方致死致殘的機率就小多了。

兄弟聽了覺得有道理，都答應遵守奉行。**在往後近三十年裡，幾乎沒有自己的兄弟致人於死**。僅有一次，兄弟任立德與張安明在古亭因失手而殺人致死。

在接下來的一連串戰鬥中，樊輝捅傷了四海其他成員。而王時正在連傷兩人後，竟捅傷了當時的新四海老大夏玉明，從此開始對四海陣營攻擊的漫長歲月。其中一個重要的攻擊目標是成功新村，因他們在人員上有不錯的素質，是四海的儲備人才庫。

與四海陣營作戰是長期而艱苦的，從民國四十七年下半年開始攻擊成功新村，一直到民國五〇年代中期左右，持續了一段很長的時間。有一次甚至連續進擊了三十天，這就是外界所謂的「成功新村三十天」。

上述這些長期的連續攻擊，使四海的後繼與儲備人才方面有所損失，這也影響到四海往後的發展。在這段時間，敵我陣營有了較多的摩擦與衝突。此時三環幫也向我們發動攻擊，這期間兩位新文山兄弟受了輕傷。而當時老文山兄弟受到三環小趙的襲擊後，我即在當晚將小趙砍傷。

後來，三環老大沈信吾更親自帶人突擊中和鄉的一家彈子房。當時陳啟禮與兩位兄弟正在裡面打彈子（撞球）。沈持武士刀首先衝入並砍向啟禮他們，啟禮就抽出身上唯一的一把短刀與沈信吾硬拚搏鬥。由於兵器長短的懸殊，啟禮的手腕與手臂均被砍傷，而沈也隨即退去。啟禮事後告訴我，當時情況十分危急，他也只有死拚了。

四海吳國術更是趁雨夜帶頭發動突擊，砍傷幾位竹聯兄弟，且均受傷不輕。之後他們籌劃了更大的偷襲陰謀，而且偷襲得逞，那就是竹聯的豫溪路口小弟斷手事件。

當時的四海幫，是由有謀略、有戰鬥力的老四海兄弟寇保、阿奮、馮竹語等人帶領。另外之後加入的有極為團結的夏玉明、智將王大衛、蔡冠倫、智勇雙全的楊愛時、吳自強和蔡冠民等重要成員。加上「四海」的名氣大，對新人有較大的吸引力，因此，四海是相當不容易對付的團體。

新文山、竹聯、血盟與四海仍要長期的戰鬥下去，我採取的策略是：長期耗損對方、積小勝為大勝、不斷的培養新血、以時間來削弱四海。而新文山、竹聯、血盟在新人的培養方面，也有出色的進展。

新文山經過這段拚鬥的洗禮，已鍛鍊為一支能應對攻守作戰的隊伍。但在四海偷襲豫溪路口得逞後，我只能將大部分精力與時間傾注於竹聯。為了兼顧兩邊，我的策略必須調整：戰法採取連續主動出擊，以偷襲、打落單為主，積小勝為大勝；在培養新血上，將部分新文山兄弟加入竹聯，且廣收新人；外交結盟方面，則與三張犁、北聯、李傑北投十五兄弟等結盟，並加快反四海陣營的形成。

每次出擊大都由我親自帶領，且次數頻繁，使得中興街上的飛龍計程車行因我們連續賒帳而倒閉。那段時間，啟禮因家裡管得較嚴，能來中和鄉的機會較少，但很多老兄弟均能照常支持。

舉個特殊的例子，吳沅新為了支持我打四海，竟然從新竹少年監獄跳牆越獄，來中和鄉幫我的忙。還有瘦子、陳功、左鐘強、小牛、鄧國澧、小鴨子、鐵蛇的哥哥等人都來支持我，對我充滿期待。而我也咬緊牙關，艱苦的熬過去。

不過，無論我們多勇猛，出來做兄弟，有一種事往往是避免不了的，那就是牢獄之災。在這段時間，很多兄弟，包括我，有時也會進出臺北看守所。我有幾次因為與人砍殺，被依殺人未遂罪逮捕。但因為我與人沒深仇大恨，僅只輕傷他人的四肢，法官認為無太大惡性，而且對方也願意和解，所以均以和解而不起訴了事。這算是運氣很不錯了。

四海突擊強恕，只為砍殘、砍廢陳啟禮

陳啟禮從民國四十七年拜進竹聯建幫後，一直積極主張抗擊四海，與我的意圖相同。啟禮為人義氣又人緣好，所以在竹聯中，有不少兄弟開始支持他。四海認定陳啟禮日後必定成為他們發展的障礙，於是決定要找機會廢掉啟禮。

某日強恕中學剛放學，啟禮和同學剛走出校門後不久，一個人突然從旁衝上來就打，這個人就是四海的後起之秀楊愛時。他竟然是一個人來偷襲，所以打了以後就立即撤退。啟禮剛回過神，萬萬沒料到楊愛時又再次從側面衝過來，用兩塊磚頭把其他一位兄弟砸得頭破血流，然後又跑得不見蹤影。經過這件事，啟禮跟我說楊愛時很有智慧與膽量，四海將來一定要靠他。

不久後的一個晚上，我去參加朋友的舞會，在舞會上遇到同班同學袁雲剛（我在文山中學的同班同學有兩位老四海兄弟，一位是與吳國術特別要好的袁雲剛，另一位是胡柳虎，兩位都是我的同窗好友），見面後大家聊得很開心。

他與我閒聊時說到，隔天傍晚寇保還有幾位老兄弟，要進高雄海軍官校及陸軍官校報到，他隔天還要跟他們聚一聚，然後又聊了一些無關緊要的事後，就各自去跳舞。但我突然靈光乍現：老四海既然要走了，可能會對竹聯有所行動，如果有，那啟禮會是目標之一。

那個年代沒有手機，而且時間也晚了，不可能再去通知別的兄弟。所以隔天一早，我帶了家裡最好的兩把貨：一把鋒利的日本軍刀和一把漂亮的西洋指揮刀。插好兩把貨在身上後，我就沿著鐵路走到強恕中學的腳踏車停車棚旁，等啟禮騎車來上課。

我知道以啟禮當時的個性，如果我跟他說四海可能會來堵他，他很可能會留下來跟對方拚鬥。那麼我們都可能因此被廢掉，因為對方的人數一定超過我們。而且以寇保與吳國術的戰鬥力與經驗，也超過我們之中的任何一人，他們可說是占絕對的優勢。

啟禮騎著腳踏車到停車棚後看到我，驚訝的問道：「咦，你怎麼在這裡？」我就跟他說：「我今天翹課，你能不能陪我？」他說好，於是他就騎車載我去中和鄉秀朗的一家彈子房。進了彈子房，我選了最裡面的檯子，把貨放在球檯下。那天因為我一直心不在焉的注視著外面的動靜，所以還輸了他幾局。

直到下午放學時間，啟禮說他也該回家了。他載我到學校附近後就各自回家。當他到家後，他媽媽就衝向他並抱著他大叫：「你跑到哪裡去啦？」啟禮說：「我在學校啊！」他媽媽說：「亂講！幸虧你不在學校，不然你就糟糕啦！」原來那天一早，四海的吳國術帶了人馬在學校門口堵他，但一直等不到人。

吳國術因為晚上就要去空軍官校報到，實在不能再等了，於是他在下午再度帶著人馬、拿著武士刀，直接衝進強恕中學的教室，但撲了個空，並沒有找到啟禮，只找到幾個啟禮的兄弟，所以就僅用刀背擊傷他們。

四海這次行動的主要目的，就是把竹聯對四海的主戰派陳啟禮砍廢，以打壓竹聯準備抗擊四海的力量。所以多次雨夜進襲中和鄉的老四海大將吳國術領軍，特別組織一支精銳人馬來砍殺陳啟禮。但他們沒料到，我那天居然把啟禮帶走了。由於我事先帶走啟禮，令四海這次費盡心機要砍廢陳啟禮的計畫無法得逞，使啟禮避過了他人生中的大劫。

假如這次四海得逞，那以後就沒有陳啟禮了。所以後來有些老兄弟常講：「**如果沒有柳茂川，就沒有陳啟禮！**」當然，如果沒有我們的合作，往後竹聯能否崛起，恐怕會有很大的變數。

本來我和啟禮在此事件之前就意氣相投，在此事件之後，他也很感謝我。不過，我始終沒有告訴他，我事先猜測到四海可能襲擊他的事，他也一直以為這是巧合。後來，我與啟禮更成為無話不說的最佳搭檔。

啟禮在個性上，是比較無法與別人共享權力的人。在突擊強恕事件過後，我成為他唯一可以權力共享的兄弟。在人事的安排、作戰的決定與重大的決策上，他都尊重我，並以我為優先。

記得有一次，我們在臺大附近跟不明人士打了起來，當時對方有三個人。其中一人拿起一塊磚頭砸中我的額頭，我因此倒向地上，額頭也立即流血。這時，啟禮奮不顧身的衝到我身邊，用磚頭擊退對方後問我：「茂川、茂川，你怎麼了？」我那時已恢復了些神智並站起來說：「沒事！」經過這件事後，我也很感謝啟禮，要不是他在我倒地時打退對方，我可能已遭受重傷。

一聲「殺！」我砍中他的手腕

過去我和兄弟並非每天打打殺殺，大家主要還是在過一般的生活，上學的上學、做事的做事、做白日夢的做白日夢。

高中時我們喜歡舞會，常在臺北各個地方參加舞會，跳吉魯巴、恰恰、倫巴之類的。因為我那時候在臺北算是有點名氣，所以有不少的女生會趁我們參加舞會時特地來看我，有點像現在粉絲追星的樣子。

說到跳舞，臺北的「新生社」（空軍官兵俱樂部）是當時年輕人跳舞的好去處。四海的人也常常在那裡進出。大概在民國四十七年夏天，有一位朋友告訴我新生社那天晚上有舞會，約我去玩。

那天我也不知道為什麼，明知道有四海的人在那裡出沒，但我還是一個人插了一把指揮刀在卡其褲裡就去了。在舞會上，我遇到附中的同學裴建銀，也是四海的一個老兄弟。跟他打了聲招呼後，我就去跳舞。

玩了一陣子，差不多要離開新生社了。也許在這段時間裡，裴建銀告訴楊愛時，說南臺北市來了一個人物叫做柳茂川。那時候楊愛時還不太了解，我就是當時積極策動南臺北市聯合反四海的人。他只是大概聽說過我這個人，也可能知道我對他們並不友善。

等我走到門口正要離開時，楊愛時突然衝出來對我叫：「我知道你是柳茂川！你別想走！」我一看，楊的身後還有四海的人。當時我就想，如果在那裡纏鬥的話，他們在人數與地利上占優勢，而我必然居於劣勢。於是我把指揮刀從褲裡往外一抽，並立刻往新生北路一段的方向跑去，而楊就立刻追來。

我的運氣不錯，只有楊愛時一人追上來。可能是他輕敵，一個人脫隊試著追上我。我後來左轉跑到長安東路，大概跑了三分之一的路段，一看時機成熟了，就站在熱鬧的街心等他過來。當時他手裡拿了一根長棍，在離我差不多十公尺處也停下來，看到我在那裡等，感到有點訝異。

他可能在想：「要跑應該是一直跑才對啊，怎麼會停下來等我？」不過他還是喊了一聲：「跪下！」而我則叫了一聲：「過來！」於是他長吼一聲，我也喊了：「殺！」兩個人就對衝拚殺。其實我當時處於極大的險境，因為我的指揮刀比他的長棍要短得多，幾乎占不到任何優勢；而且，我也必須在短時間內取勝並脫離現場，不然等他的援兵到了，後果就不堪設想。

我一刀砍中楊愛時的手腕，他的長棍隨即掉落在地，他摀住流血的傷口向後退。我趁此空隙，立馬一個箭步衝進左手邊的巷子，又爬上一個坡來到新生北路，攔了一部計程車，幸運的脫離現場。

楊愛時是當時四海的後起之秀、當紅人物，還是四海幫的明日之星、未來的希望。而我則是文山幫老大，也是文山區新店線、南臺北市及反四海陣營的策動人物。這兩大陣營的代表性人物的一戰，若有其中一人受傷，可能會影響到兩大陣營往後的走向與發展。如果當時楊倒下了，四海幫肯定失去往後的一大支柱；如果換成是我倒下的話，那麼反四海陣營往後的發展與形成，以及竹聯幫的崛起，恐怕會有很大的變化。

不過平心而論，任何人要打敗我其實也並非容易。現在回想起每次處於劣勢的戰鬥，例如對方有武器而我是空手，我均能鎮定的應敵並化險為夷。但當我與對方旗鼓相當，例如敵我手裡均有武器時，對方大都是被我擊敗。

了解我的人都知道，我儘管平時為人和善、面帶笑容，但面臨生死搏鬥的時候，一交手就知道完全不是那麼回事。對方往往到與我交手時，才知道自己完了。與楊愛時的拚鬥就是很好的例子，以他的智慧，如果當時知道我是這樣的對手，他也不至於來挑釁，更不會一人脫隊來追趕我。不過我也常在想，如果優秀的楊愛時當時在我的陣營，那將會是如虎添翼。

這場關鍵之戰後，我屢屢策動組織對四海陣營進攻，使四海不得不擬定計畫，準備對我們進行一次更大的突擊來報復，也就是之後提到的中和鄉豫溪路口小弟斷手事件。在這場戰鬥中，四海表面贏了戰術，事實上卻輸掉戰略。

窮寇莫追，虎盟中計，我鎮靜退敵

另外，虎盟當時在臺北是一個較大的幫派。由於廣招人馬的關係，他們發展得很快，到處都有他們的人馬，分支與據點很多，也有一定的戰鬥力。早在民國四十五年左右，虎盟老大蘇天祥、關雲志和幾位虎盟兄弟有事來木柵，我與他們在公路局溝子口車站斜對面的彈子房見面。

之後，我們朝著考試院（考試院在溝子口）的方向邊走邊談。蘇天祥給我的最初印象是很有老大的氣派，人也很隨和、誠懇；關雲志也是一位有氣度的兄弟。他們談到，正在發展並處於強勢的四海可能會跟他們發生衝突。蘇天祥與關雲志表示，這在不久的將來是可能會發生的事，但他們並不懼怕與四海作戰。

由他們的言行中我看得出來，他們有信心與四海作戰。但我還是不忘提醒他們，四海非常團結、有向心力，加上作戰經驗老到，是絕對不能掉以輕心的對手。當時他們來木柵、溝子口，也許是來發展虎盟的據點與分支。之後，我們是在相談甚歡的情形下珍重道別。

在往後多年裡，他們確實跟四海產生摩擦，且由小摩擦逐漸演變為較大的衝突。最後，他們與四海在新生北路與長安東路口，靠近長安國小處有了一次大對決。老大關雲志帶領的兄弟當時占上風，四海兄弟則一路敗退，而虎盟就一路追擊。四海隨後退進了長安國小。

人們常說「窮寇莫追」，而虎盟這次卻輕敵，犯了兵家大忌。在毫無戒備的情況之下，大夥兒衝進了長安國小。一進國小，四海的伏兵立即衝出，先把關雲志隔開並團團圍住，然後一刀往關雲志的膝蓋砍去（據說那一刀，造成關雲志膝蓋永久的傷害）。關當場跌倒坐在地上，但仍不斷舉刀抗擊四海對他的圍砍。而其他兄弟也受傷不輕，最後以敗仗收場。

這對虎盟以及整個反四海陣營來說，是件很可惜的事。本來以虎盟的實力，可以跟四海拚上一段時期，更不至於在大仗裡輸得這麼慘。但由於大意，中了對方誘敵之計。加上老大關雲志受了重傷，使全幫的士氣大受打擊，在往後的臺北江湖上就慢慢的走下坡。

事情過了不久，我在圓山碰到當時虎盟的一位領導人物羅雷兄弟，他和我說明當時的情況。四海與虎盟在長安國小的血戰中，四海以計誘使虎盟進入長安國小，並立即拆散中計的虎盟兄弟，包圍並攻擊領軍老大關雲志。虎盟此役慘敗，使組織龐大的虎盟幫霎時癱瘓，可謂既狠又毒。

在不久後，四海又故技重施，在中和鄉豫溪路口對我突襲，幸好我鎮靜應敵，其陰謀未能得逞。自此之後，我聯合文山、竹聯、三張犁、北聯、血盟各友幫，逐步形成反四海陣營的合縱之勢，讓四海陷入長期作戰，且破解其速戰速決的個別擊破戰術，使四海逐漸失去主導戰局、獨霸江湖的壟斷局面。

豫溪路口小弟斷手事件

早期竹聯與四海偶爾有摩擦，但沒有發生激烈的戰鬥。雖然寇保與阿奮曾率眾突襲寶泉冰店，並砍傷王泉心與周榕；吳國術多次趁雨夜襲擊竹聯，重傷竹聯兄弟數人，竹聯也曾組織幾次沒有什麼戰果的反擊，雙方均有某種程度的敵意，但均未形成更激烈的戰鬥或敵意。

而**豫溪路口事件就是造成竹聯與四海之後長期拚鬥的關鍵**。在這次事件之前的一段時間裡，我率領新文山的兄弟，多次對四海陣營發動攻勢。四海因此元氣受損而心有不甘，於是就策劃一次更大的襲擊，那就是豫溪路口事件。四十多年後，聽一位

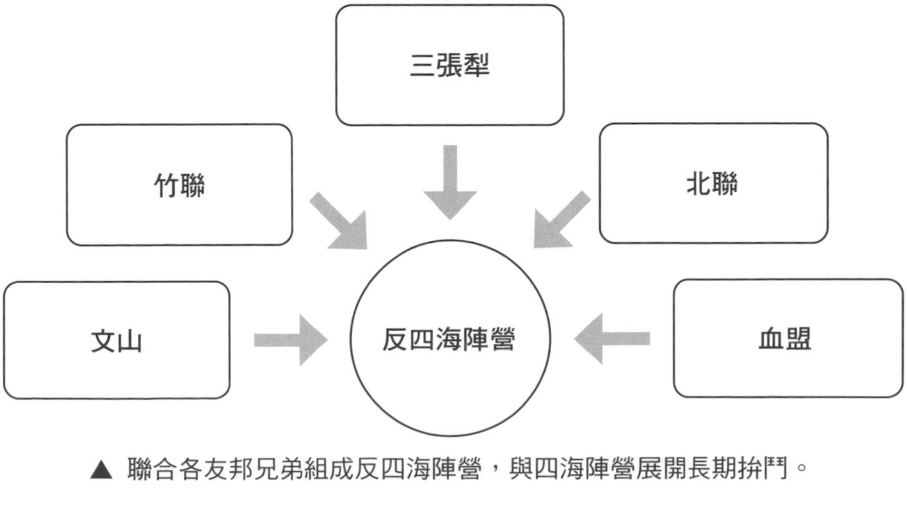

▲ 聯合各友邦兄弟組成反四海陣營，與四海陣營展開長期拚鬥。

四海的老兄弟談起，我才知道當時他們就是衝著我來，因為當時他們已經察覺，多次的襲擊均是由我組織與策劃。

大概在民國四十七年的中秋節前，我翹家了，常到中和鄉到處轉，而啟禮也常到中和鄉陪我。中秋節的下午，啟禮跟我說，中秋節他想早點回家。我說：「那你早點回家過節。」後來我就跟瘦子、山雞（章尊良）、小鴨子，還有一、兩位我不太記得名字的兄弟在一起。那時候大家身上都沒什麼錢，只能在麵攤吃碗陽春麵、兩個燒餅，就算是過節了。

吃完麵和燒餅後，我們就到麵攤斜對面的豫溪路口內的空地聊天。我坐在空地最裡面圓木堆上的外側，山雞坐在我右手邊的內側。後來，王國康（當時竹聯的掌法）帶了一個讀初一的小弟弟來聊天，小弟弟叫陳思景，大家都叫他「小弟」。他沒有跟我們一起混，更不是竹聯的兄弟。本來他打算過一會兒要跟王國康去看國慶閱兵預演（這是王國康事後親自告訴我的）。聊了一會兒國康走了，陳思景卻留下來與我們繼續聊天。

我看月亮又圓又亮的高掛在夜空上，就用左手指著月亮說：「這麼亮的月亮。」心中突然動念：「該不會四海又要來偷襲了？」我語音未落，就看到一道白光向著我的左手背落下！我立即左手腕一縮，起身就一拳往來人的右臉打去，並叫了一聲：「來了！」

還好我左手腕縮得快，對方的武器只劃到我的手，不然我一半以上的左手掌就被砍斷了。我跳起來向前衝了六、七步，正面又有一人手持指揮刀，「刷！刷！」左右揮刀朝我砍來。我及時閃過，但下顎被劃破了皮。我趁那人再舉刀過頂時，一個箭步衝上去，把他高舉的手往上一頂，再一扭，他的指揮刀就掉落在我左側。正當我要彎下身奪刀的同時，右側又有一人衝上來向我劈砍。我瞬間左閃並跳過了豫溪（其實就是一條大水溝）。再定睛一看，對方三人已向大街跑去。

當時我的第一反應是先離開現場，因為四海有可能再發動第二波的攻擊。但後來發現他們急速撤走，也許是看到警察來了。我再看了一眼空地，已經沒有人，於是我就往巷內跑去。此時正好山雞也過來了，並問我：「怎麼樣了？」我告訴他：「我挨到了！」他問要不要緊？我說不要緊。接著他就陪我到診所縫合傷口。

當天晚上我就和外號老油條的鄧國澧等幾位兄弟騎著腳踏車撤退到新店。我們在半路上的竹林裡解小手時，看見一隻青竹絲在竹葉上爬行。我靈機一動就對國澧說：「你這老油條的外號不大好聽，換成青蛇吧！」於是，「青蛇」的大名就由此而起。

事後據路人告訴我們，當天對方約有五個人，在巷口接應他們的是一部淺灰色的旅行車。這次的突擊來得確實詭異，對方可能在下午就已經來觀察，正好看到我們與啟禮已在豫溪路口，所以一到晚上就發動突擊。幸虧我當時非常鎮定從容的應敵，不然下場可能是就此殘廢。

第二天，我在新店聽到一個令人惋惜的消息：無辜的小弟陳思景的左手在四海的突擊中被砍斷了。在我的印象裡，從我左邊衝砍我左手的人繼續向前衝，那個方向正是小弟所站之處。很可能他就順勢砍向小弟。不過這只是我事後的猜測。

但後來根據寇為龍對我弟弟娃子說的情況是：當時有人持刀衝向小弟，小弟正要跑的時候不慎跌倒在地。那人一刀朝小弟砍下時，小弟竟然抬起手去擋刀。娃子告訴我後，我想情況應該也是如此。小弟是一個從未涉足江湖的單純小孩，根本不可能應對及閃避這樣犀利的攻擊。

雖然我也相信四海的兄弟，無論如何不會蓄意傷及無辜，但在光線不明且昏暗的環境下難以分清對象，於是造成這次傷及無辜的事件。後來與小弟見面時，他仍很堅強且不氣餒。我告訴他：「這個仇，我一定替你報回來！」從那時起，我就決定要跟四海戰鬥到底。

四海這次的突擊時間很短，而竹聯也因之前四海有一段較長時間沒有來中和鄉突擊，大家都有點大意，在毫無防備的狀況下遭受這樣嚴重的打擊。竹聯自建幫以來，就曾幾次遭受四海的突擊，一直到我開始主持中和鄉，一面加強防禦的準備，一面積極以小規模向四海突擊，這種被動的情形才出現澈底改變。

03 正式加盟竹聯，組合反四海陣營

四海在豫溪路口的突擊，嚴格來說是不成功的，甚至可說是一個極大的失敗。他們當時也許策劃的是，要重砍柳茂川，去除一個心腹大患，卻傷了不是竹聯的無辜小弟弟陳思景。

這引起不少竹聯兄弟的憤怒與同仇敵愾，也促使我不得不加盟成為中和鄉的一分子（當時中和鄉指的就是竹聯，中和鄉變成竹聯幫的時間點，大約在民國四十五年周天送血案發生後，但之後竹聯內部仍會稱自己為中和鄉），來共同抗擊四海。在同仇敵愾的作用下，不少中和鄉兄弟投入了聚會與戰鬥，**而我也正式加盟竹聯**，可以名正言順的主事。

不過在我加盟竹聯之前，徵求過許國老大哥的意見。我說，現在發生了無辜小弟斷手的事，我想加盟竹聯，與四海周旋到底，要把這個仇報回來。

於是他告訴我：「文山與中和鄉是有淵源的。當年是我叫孫德培從文山來拜中和鄉的老大，文山與中和鄉可說是一家人。你現在是文山的老大，來中和鄉負起替小弟復仇的重任，這是道義與責任的展現。」聽到這段話後，我就欣然的加盟竹聯並開始主事。

武器不足，我們劈竹子練劍

以前竹聯對四海的戰鬥，多半處於較被動的防守，而不是主動的出擊。我正式加盟竹聯主事後，主張改變戰術：不但要主動出擊，而且要頻繁的主動攻擊。這樣的戰術必須仰賴廣招新人以增強戰力，並配合採取各種有效的戰法來攻擊四海。

增加戰力的手段之一，是跟新進兄弟講解簡單的砍劈方法後，再帶著兄弟在竹林裡練習劈竹子。練完劈砍後，還要練習如何撥開對方的武器，使對方露出破綻，進而攻擊對方。在武器的數量上面，我們同樣很缺乏，就以木劍代替。另外，我們也會削尖竹子做「強揁」，以彌補武器的不足。

在竹聯與四海互鬥剛開始時，我方人員不是很多，最困難的時候甚至只剩下四、五個人。儘管人少，貨也只有兩把，但我仍舊帶著兄弟頻繁的出擊四海，晚上埋伏在西門町白光咖啡廳的外面，等候咖啡廳打烊。四海的人散了以後就找一、兩個落單的人跟蹤。如果對方搭計程車走，我們也搭計程車跟蹤，等他們一下車，我們就衝過去攻擊。

總之，我們當時就是採取攻擊落單四海成員這種戰法，彌補我方客觀條件上的缺陷。雖然當時我們貨少人少，但只要湊足了三、四個人就出去，機動性大增，每次總可以使四海兄弟受到一些損傷。長期下來削弱了對方實力，終能達到**積小勝為大勝**的目的。

同時，我又加強了外部聯盟，聯絡幾個臺北跟我關係不錯的幫派，一起對付四海。由三張犁馬祖德牽線，我與啟禮一起去三張犁，與李存果、馬祖德、侯湘霖、徐根林等兄弟一起聯拜。在此之前，我也代表文山與竹聯，跟北聯老大饅頭、王胖、周胖、黃寶鏞等兄弟結盟。而李傑的北投十五兄弟則早在四海突擊豫溪路口之前，就與我結盟並拜為生死兄弟。

三張犁與北聯的兄弟都非常有義氣。三張犁老大李存果甚至在結盟後的第二天，就義無反顧的發兵進擊四海，而且他還多次親自來中和鄉表示對竹聯的支持；北聯的兄弟還調了兩把武士刀給我，提供給文山與竹聯使用，使我們的戰力又增加了不少。

在我正式主持竹聯後，幫中兄弟都非常支持我的做法，並對我抱有很大的期望，希望我能把被動的局面扭轉過來。為了不辜負大家的期望，我開始在各方面做整頓。其中重要的一部分，就是先讓一批新文山的菁英兄弟拜入竹聯。

王國康在任竹聯掌法期間，仍克盡己職。他主持的每次聚會，都有不少兄弟參加。尤其三張犁老大李存果、北聯兄弟來中和鄉表示支持時，讓場面變得更熱絡。王國康後來在華僑中學與校外人士械鬥時受傷不輕，我與彭澤洪立即帶了兩把武士刀裝入吉他盒內趕去支援。國康考進國防部訓練班而離任後，我任命了新的掌法周金海。

三張犁幫原由獨眼龍張春禮擔大任。我、啟禮與李存果、馬祖德結盟時，已改為三張犁海盜幫，由李存果統領擔任老大。

竹聯往後在各方面都有了較大的改變，可說是進入新的時代。除了幫中結構的變化外，成員的素質也在成長。我們的人員、武器雖少，但因連續襲擊的訓練，兄弟的戰鬥力逐漸加強了。

另外，由於成功的聯盟，竹聯也得到各盟幫在人力、物力上的支持。加上每一位兄弟都能發揮他們的專長、本領，我們不但守住中和鄉，四海再也沒進來過。而且我們繼續不斷的襲擊四海，使四海由較大的主動逐漸受到約束和被動。

民國四〇年代後期至五〇年代初期，竹聯兄弟都非常團結，而且是誰有能力就支持誰來負責。我與啟禮總是選任較有能力的兄弟來出任職務，而且大都能盡職。中和鄉後來之所以能成功，這種任用有能力的人負責，占了很大的關係。而我之所以能扛起這麼大的責任，並取得好成效，最大的原因是得到大家的支持，而最大的支持是來自於基竹的兄弟。

竹聯內最有實力的派系，基竹的沿革與來龍去脈

談到早期竹聯，就需要了解基竹，因此我也要介紹一下基竹的沿革。所謂基竹，就是最早在基隆水產學校（基隆海事的前身）就讀的竹聯老兄弟吳沅新、陳功、林建發、阮盛源（源子）等多位，以及隨後陸續在那裡就讀的兄弟，後來這批老兄弟帶進來的兄弟，也都叫做基竹系統。

凡是早期與基竹兄弟一起的竹聯兄弟，在廣義上也都被稱為基竹，基竹的領袖人物是吳沅新、陳功、林建發、金麟振（小金，另一個小金是周金海）、黃大嘌、黃烏（陳志一）、

陳琳（後來創立竹聯捍衛隊）、小丁等兄弟。

從民國四〇年代後期起，基竹內部逐漸發展成多個重要派系，如吳沅新的吳系兄弟葉景明（小迷糊）、劉振（黃毛），以及林建發帶進幫的黃大嘌和他的搭檔薛正荃，發展出一大批兄弟。

陳功個人英勇善戰、屢建戰功，在民國七〇年代多元建堂前，即以其新生南路的銀禧電玩店為據點，並以中南部上來的董桂森這批兄弟，發展出忠堂的人員。

林建發、阮盛源帶領了紅鷹、劉祖德、肉丸、童強、王華五、楊希寧、李幹、楊寶麟、方國俊（馬面）、梁先宏等，民國五十二年入幫的這批勇敢忠義且重倫理的兄弟，他們成為往後竹聯的中堅力量。金麟振也在民國五〇年代的後期，帶領一批兄弟在中山北路二段一帶駐守夜總會與歌廳，一直保持著戰鬥力。

陳琳後來也在新生南路一帶組建捍衛隊，延續到民國七〇年代末；小丁在民國六〇年代也帶了一批有戰鬥力的兄弟，替竹聯拚殺效力，但因小丁拚鬥甚多，犯案累累，最後不得不隱退。

上述基竹各派系的兄弟眾多，戰將如雲，兄弟的素質與實力，遠超過竹聯內其他各大小派系，是竹聯的中堅力量，也是竹聯的道義與倫理精神之所在，竹聯能有往後的興起，基竹兄弟的貢獻功不可沒。

我第二次主持竹聯大重整，在與牛埔發生衝突前（詳見第六章），我敦請一位基竹老兄弟一起主持，因此我、啟禮和那位基竹老兄弟三人聯手合作共同主持局面，在與牛埔的戰鬥順利結束後，那位基竹老兄弟就上船擔任船長，移民去美國西雅圖後就沒有再管事了，竹聯也因此少了一位有智慧的領導人。

竹聯第二次大重整的前後（民國五十六年），雖經我親自調度、指揮竹聯，使對抗牛埔的戰役獲得勝利，但當時基竹兩大派系領袖吳沅新、林建發與陳啟禮之間的緊張關係，只能緩和於一時，在實質上並沒有任何的改進，因為是我領導主持全幫，雙方沒有發生直接衝突的火拚，但這顆定時炸彈卻一直存在，差點因為歐帝威事件引爆（詳見第九章），造成老兄弟的手足相殘而自毀竹聯多元建堂後的大好局面。

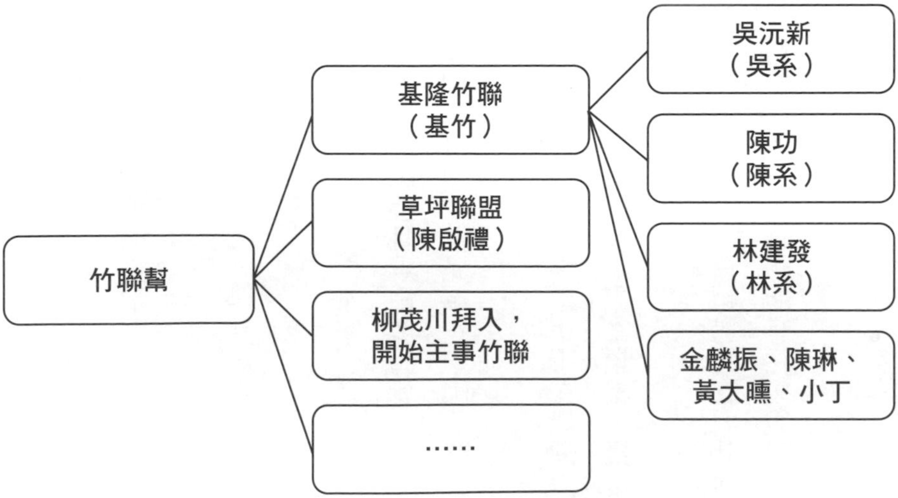

▲ 竹聯內有各派系，其中以基竹各派的兄弟最多，是竹聯內最有實力的最大派系，也最早表態支持柳茂川。竹聯能有往後的興起，基竹貢獻很大。

早期就讀於基隆水產學校的兄弟，由於都是搭火車上學，與臺北至基隆沿線其他幫派兄弟發生衝突、打鬥，幾乎是每天的家常便飯，加上基竹又與基隆本地角頭和平島、軍刀幫（軍刀幫是外省幫派，與四海走得較近）等長期拚鬥與砍殺，所以基竹早就練出一副戰鬥的好身手，屢屢建有戰功。例如第一章提過，陳功以一把羅馬刀，趁著晨霧，單槍匹馬殺入敵陣，連砍多人。而基隆本地這些角頭兄弟，後來則成為天道盟的主角，如同心會等。

基竹以中和鄉秀朗為據點，是中和鄉（竹聯）內最有實力的最大派系，在竹聯內自成一家。雖竹聯內有各派系，但團結而一致對外。這種形態一直持續到民國七〇年代後期，我與啟禮推行多元建堂和無限發展培養的後生代兄弟，已有相當的實力與基礎，這時基竹兄弟的年歲已大，也就慢慢退出舞臺。

基竹系統逐漸成形後，與啟禮沒有什麼來往。我於民國四〇年代後期到中和鄉主持時，基竹系統尚未成形，而最先表態對我支持的，就是基竹領袖吳沅新等人。吳沅新在無辜小弟斷手事件後，更從新竹少年監獄跳牆越獄，回到中和鄉支持我，是一位極重兄弟道義的人。但不知為何吳沅新始終不願與啟禮合作，我居中調解兩次，都沒有實質的效果。

過去基竹兄弟對陳啟禮有點排斥，啟禮那時只是草坪聯盟的頭領，是竹聯內部眾多派系的一支，地位尚未穩固。雙方沒有往來，但也沒有發生衝突。民國五十九年二月我出國後，陳啟禮因陳仁事件（詳見第七章）被送至外島管訓，這時基竹吳系（吳沅新系）的實力雄厚，竹聯的場面也是由他們撐著。啟禮從外島回來後又重新慢慢聚集人員，但實力與吳系有距離，吳系兄弟幾次對他「進逼」，他都理智退讓，我兩次出面調解，雙方沒有進一步衝突，但根本問題沒有解決。

這個隱患到民國七〇年代中期因歐帝威事件終於爆發，啟禮與建發、馬面起了直接衝突，幸好我強力調解，避免了一場手足相殘的悲劇。

啟禮面對吳系進逼採取理智退讓，且在歐帝威事件接受我的安排，不但為大局、為自己，也為我著想，是與我並肩作戰的生死兄弟；基竹兄弟多年以來為我衝鋒陷陣，勇往直前，從不後退，是我最有力的支持者。我那時統領新建的各堂，如果老兄弟之間自相殘殺，如何作為後生代兄弟的榜樣？

從日常稱呼上也可看出一些端倪。基竹兄弟都很自然的稱呼我「大哥」或「柳哥」，我是民國二十九年農曆十二月初九出生，是建幫以來年齡最長的，而當時老兄弟之間的年齡相差較近，大家都是互叫名字或外號。不過，基竹有多位民國四十九至五十二年這個時段加入竹聯的兄弟，年齡都比啟禮小，在人前人後對啟禮的稱呼都是「鴨子」，後進的兄弟也是有樣學樣的叫。

雙方兄弟的關係也不和睦，例如，林建發看不順眼常跟在啟禮身邊的兩個兄弟「安理會」與「婦女會」（皆為外號），多次想加以「修理」，被啟禮出面阻止，但肥婆內心不服，又與跟隨啟禮的黃舜發生不愉快。這樣的種種是造成雙方疏遠的原因之一。

基竹兄弟會自始自終對我如此支持與尊重，還有一個原因，就是在我主持竹聯之初的那段艱難歲月裡，不管外在條件多麼的困難，不斷帶領兄弟進擊四海，基竹兄弟都看在眼裡。

竹聯大重整，老中青三代聚集幾百人

有些不明事理的竹聯兄弟，只知道舉刀亂砍，發生一點衝突就連竹聯的盟幫都照砍不誤，完全不顧大局，不分青紅皂白的亂砍亂殺，還曾砍傷盟友兄弟馬紹和的頭部，真的是犯下重大的失誤。

他們的刀口不是向著四海，而是向著盟友。以文山、血盟為拚殺對象的部分兄弟，在內得不到最大派系基竹的支持，在外與文山、新銳的血盟中生代拚殺，他們悲慘的下場是可以預見的——不是被砍至重傷接近殘廢，就是後來黯然的離開中和鄉（竹聯）。在四幫混戰（詳見第四章）逐漸落幕時，我在啟禮、沅新與多位老兄弟的支持下，主持竹聯的大重整，促成竹聯幫大團結，同時開始漸進培訓民國五〇年代後期拜進竹聯的新生代。

這個世代拜進的年輕兄弟，也出現了不少優秀的人才，例如楊寶麟帶來的吳高雄（蜈蚣、吳功）、胡執中（郎中）等，南強中學吳敦及後來發展自成一系的胡台富，逐年帶進竹聯一大票兄弟，像是黃大嘌（民國五十一年左右拜進）、薛正荃、西門、袁興（黑豹）、江念華（小江）、白馬（楊寶麟的弟弟）、小洪（黑爪，民國五十八年拜入），黑蛇、黑鷹（原海盜老大）等人。

黃大嘜少年時調皮搗蛋，是他們這一票兄弟的頭領，他與薛正荃是竹林路勵行中學的同班同學，兩人是關係很好的搭檔。班上還有孟繁麟（黑蛋）、黃秋生、張正行（秋平）、老太婆，他們時常翹課並集聚在永和新生地的彈子房裡，打架、鬧事是家常便飯。

民國五十三年孟繁麟帶頭與幾個兄弟，失手用石頭砸死人，幸因是少年初犯，關了三年就出獄了。黃大嘜的父親實在無可奈何，命令他在民國五十六年提前入伍，後來他在民國五十八年退伍後與袁興（黑豹）結盟。此時就讀基隆水產學校的薛正荃、潘新民、夏復中（小夏）、錢一飛（小飛）等人，都是歸屬基竹。在黃大嘜當兵期間，薛正荃的弟弟薛正霖放學時，突然被人用武士刀砍死，是基竹首位陣亡兄弟，正荃為此心痛不已。

黃大嘜、薛正荃這一票基竹兄弟是屬於吳沅新系，在我準備對牛埔發動攻擊前，全體基竹被列為「預備軍」，可隨時投入對牛埔的作戰，比我剛培訓出來的新生代兄弟更有經驗，我又派陳功、肥婆作為新生代的領軍大將，以彌補新生代經驗的不足。**有基竹這支強勁的後備軍，才使我決定把「戰場」設在牛埔的地盤內**。

黃大嘜、薛正荃擅長的戰術是「快速集結、鎮懾對手、打擊成功」，正好可作為堅守香港西餐廳作戰軍的緊急支援（詳見第六章）。黃大嘜轉學過去後不久，曾與高年級學生發生衝突，他立即下山聯絡薛正荃，薛正荃不到一個小時，便召集基竹自家兄弟與其他幫的角頭兄弟共兩百多人，他們帶了許多「傢伙」把山上山下圍得水洩不通。

當時在中山北路二段備戰的基竹兄弟還有林建發系統的金麟振，他經常與阮盛源相處，是重倫理、講道義的好兄弟。陳啟禮在香港西餐廳與牛埔發生磨擦後，我即命金麟振聚集人馬以備隨時作戰。在香港西餐廳決戰夜前，兄弟與兵器早已集合妥當，在決戰當夜兄弟也是徹夜等候我的出擊命令，以備立即支援據守在香港西餐廳的作戰軍。而作戰軍中在決戰夜出擊的兩位領軍大將是基竹的陳功與林建發，所以竹聯對牛埔戰役的全勝，基竹兄弟有不可磨滅的功勞。

在竹聯的第二次大重整中，老中青加上新生代總人數雖然為好幾百人，**基竹卻仍獨立自成一家，啟禮與吳沅新的心結仍解不開**，而吳系（吳沅新）各派的兄弟眾多，實力較強，但基竹各系統僅接受我的調度與指揮。

若不計算基竹，參與香港西餐廳決戰的其他各大小派系加起來約三百餘人，前後進出香港西餐廳的兄弟約一百名，最大聚集量約七、八十人。決戰夜當晚七點半時趕到現場的約三十人，較資深的老兄弟如毛弟、戰將楊寶麟以及新生代的胡台富等人，因在軍中服役或來不及通知而均沒有趕到。

以吳系為主力的基竹後備軍分成好幾批的兄弟，枕戈待旦的等待我的調度、指揮，其總人數為兩百多人，比人數單薄的作戰軍（即重整後的戰鬥堂）實力堅強。

兄弟之間由於鐵血戰鬥、生死與共建立起來的感情，是歷久彌新、堅如磐石。我的兄弟黃鳥親口告訴我，他和朋友過去都在勵行中學的竹林路上玩，有一天林建發突然告訴他們，你們要麼拜進竹聯，不然都不准在竹林路上玩，結果黃鳥這批人都拜進了竹聯。

黃鳥幫助過很多兄弟，例如幫助信堂堂主番薯逃亡巴西；江南案（詳見第七章）後協助啟禮、吳敦、董桂森離開美國經歐洲巴黎回到臺北；一清專案後他幫助劉煥榮等兄弟逃往菲律賓。但他受江南案牽連而受害最深。

江南案發生後黃鳥因幫助啟禮他們而被牽連，且又中了聯邦警探的陷阱，被起訴多項罪名，若大陪審團判決「有罪」且各項刑期被分別執行的話，刑期就高達六十五年。在法庭宣判之前，檢察官跟黃鳥單獨談話，檢察官說：「你有一個讓各項刑責同時執行（以最高刑期為執行期〔二十五年〕，各項刑期分別執行則為六十五年）為二十五年且有減刑的機會，但你要指證一個人，我們知道他是竹聯幫真正的幕後主持人。」

黃鳥就問：「他是誰？」檢察官回答：「柳茂川！」黃鳥說：「柳茂川是我們竹聯早年的大哥，帶領當年的老兄弟打鬥，但那已是三十年前的事了，他旅居美國後並沒有觸犯任何美國的法律，我不能做任何不實的指證。」檢察官又說：「如果你不指證柳，就有被法庭判決分別執行六十五年的後果。如在大陪審團成立前我們能達成協議（即指證柳），你可以『認罪』的方式，讓各項刑責同時執行為二十五年，且在服刑後可以減刑與提前假釋，而你的『指證』是祕密的，柳與外界均不會知道。」

這位檢察官可說是軟硬兼施、威迫利誘，很少人能承受這麼大的壓力與誘惑，但黃鳥是一位重道義的兄弟，抵擋住極大壓力，絕不出賣自己當年的大哥，可見基竹兄弟對我的講義重情。

黃鳥在服刑十二年半後獲得假釋，但假釋期間每星期要向當地假釋官「報到」，且限制居住及出國（離開美國）。在假釋期滿後，黃鳥飛來上海與我見面時，告訴我審判的經過，以及啟禮帶吳敦、小董去休士頓的前後情形。現在回想起來還是令人吃驚，基竹兄弟對我的道義與支持，也是我一生中感到十分欣慰的事。

你想混兄弟？去找大哥柳茂川

我在高中畢業後，民國四十九年時和啟禮同時進入淡江文理學院。我們的活動範圍從文山區新店線的南臺北市及中和鄉，延伸到臺鐵北淡線（民國七十七年停止營運）上。為了上下課方便，我就住在淡水。

我除了與北聯的黃寶鏞、李傑、王胖、雞婆、關公等人非常熟，同時也與北淡線上其他的兄弟建立了良好的關係。在淡水當地的兄弟如鮑家寶（竹聯）、馬來婆（竹聯）、蔡慶暉（竹聯）、魏胖、梁先宏（竹聯），以及同時是文山也是竹聯的袁世寬（鉛筆）等人，都跟我有很好的交情。

慶暉是世交與淡江的同學胡小川介紹給我的，我剛認識他時，他只有十四、五歲。慶暉小時候不愛讀書，家裡幫他請了家教，就是胡小川。小川看他實在不是讀書的料，就問他：「你想混兄弟是不是？你想混的話，我就介紹一位大哥給你認識。你去跟他混，一定混得出來。」於是小川就介紹慶暉給我。從那時候起，慶暉就成了我最親的小弟。我常教他，出去跟人幹架不是光靠蠻力，更要靠頭腦。同時也教他搏擊、用刀與用槍。

慶暉年紀小，個性善良，對人對事都是從好的方面想，加上他的資質好、悟性高，我想把他培養成一位智慧型的戰將。那段時間正值四幫混戰時期，我已培訓出不少的戰將猛士，如文山的李國琪、張百年、彭立、小熊、吳自清、張鶴、涂世欽、李松林、何為祁等多名兄弟，還有血盟中生代的劉北平、劉西平、徐印衡、董愛群、劉秀雄、黑豹、何汝洲、小青、張彤雲等一大批兄弟，已不缺戰將型的兄弟。

慶暉還有一個別人沒有的優勢，就是其他跟我關係緊密的兄弟，無法時常跟在我身旁，耳濡目染的接受身教。大多數的兄弟在完成基本訓練後，就是做現場練習，也就是對敵方陣營的出擊訓練——臨時召集兄弟並下達出擊任務的指示，戰鬥後再做檢討與總結。

這個戰法是在新文山建立後，我第一次帶隊突擊成功新村並經多次戰鬥的經驗歸納出來，它先於新文山實施，之後應用於竹聯及血盟，均有顯著的成效，優點是可以快速培養出一支作戰隊伍，有實際鍛鍊的效果，能取得實際而寶貴的戰鬥經驗。但戰將以「執行」為主，缺少自己慎密思考而擬定作戰計畫這一步驟。要把戰將培育成智將，不是一件容易的事，除了必須有戰鬥經驗，還要看資質與悟性。

慶暉有時間與機會能長時間在我身邊學習，我逐步的教導他，第一要先「知彼」，知道對方的狀況，也就是要先偵察敵情，了解對方的人數、武器、作戰經驗；然後「知己」，根據我方的人員、武器、作戰經驗，規畫作戰計畫並預設戰場來伏擊敵方。

慶暉的悟性高，慢慢成長為一位智將，也是我身邊最為親信的幕僚，他除了為我出謀劃策外，對我的一些私人事務也提出建言，由於一些兄弟對我出於尊重、尊敬而不方便說的話，他也直率的對我說。

內外通吃，訓導長請我管秩序

除了活躍在兄弟之間，在校內我也相當活躍。當時我除了當選科系代表之外（我一共連任四任），也當選了三屆的代聯會主席。且訓導長賦予我一個任務，那就是「管理好學校的秩序」。

過去有人會在校園貼一些反動標語。更嚴重的是，當淡江校內同學與外面的兄弟發生糾紛，校外的兄弟就會跑進校園堵人。為了維持學生在校區的安寧，我成功的勸說學生不再貼反動標語，同時也告訴北淡線與外面的兄弟，不可進淡江校園堵人。

當時淡水有個當地的流氓，常在淡水的彈子房出沒，而且常無故欺負淡江的學生。後來被我的一位老弟鉛筆狠狠的修理了一頓，打得到處躲藏。他實在沒辦法，就詢問如何脫離這種窘境，後來有人告訴他：「你去找他的老大就行了。」於是他在彈子房找到我，一再要求我幫他，並且承諾改過。在他苦苦哀求下，我就答應幫他，並叫他以後不許再欺負人。

還有一位讀淡江的竹聯兄弟，與當地的角頭「燒餅王」兄弟起衝突。燒餅王一群人在路上追逐他時，他向燒餅王開了一槍。雖然沒打到人，但這件事鬧得很大。這位兄弟就找我，希望我能幫他把事情擺平。於是我找啟禮一起去跟燒餅王見面，燒餅王也很給面子，這件事就在愉快的氣氛下和解了。

代聯會當時有很多的工作，例如當有學生犯了較大的過錯，面臨被退學的危機時，我可以出面擔保這些同學，而學校就會給予學生改過自新的機會。我在這方面做得不錯，也幫助不少的同學步入正軌，完成學業。

淡江也有許多我懷念的好同學，如魏光宇（臺中的老兄弟）、蔡志邁、陳家昌、馬來婆、大騷、陳文寬、胡小川，與前面提過的何惠東。

自從四海突擊強恕中學失敗後，我與陳啟禮更加合作無間。兩人同時進淡江之後，朝夕往來感情更是融洽。但啟禮當時有個觀念，需要我與他慢慢溝通來改變。

他的觀念裡，唯有竹聯的兄弟才好，唯有竹聯的兄弟才是兄弟，其他幫派的兄弟他不太在意。於是，我慢慢的說動他：不能把眼光只放在一幫一派，因人才並不只存在於竹聯。

在江湖上的兄弟，重點不是誰是哪幫、哪派，而是個人的品性操守是否屬於忠義之士，這才是最重要的。同時，我也跟他說往後的江湖，也許會發展成以人與人之間的關係為重，而不是完全以派別為重的生態。意思是：本幫的人未必都好，外幫的人未必都差。

以忠義為核心價值，我與啟禮成為雙龍頭

經過一段時間的磨合，他逐漸接受了我的觀點，懂得用宏觀的角度看待「幫派」與「兄弟」間的關係。後來他不但完全接受我的觀點，有時甚至做得比我更加開放、更加澈底。例如，啟禮後來與許多本省角頭兄弟建立了很好的交情，如高雄的角頭老大楊登魁、延平北路的饅頭、十五水門的阿龍、阿傑等。許多角頭兄弟甚至十分的推崇與支持他。民國七〇年代時，在與我商量後，他也決定接納三環、桃園的兄弟和其他幫派的兄弟。這些舉動讓我對他展現的氣度刮目相看。

以現代人的角度來看，完全印證我們當時的想法是對的：只要開闊自己視野，就可廣結忠義之士、招納優秀人才。當時我們就認定，要加強力量就要與廣大的忠義之士聚合，以「忠義」為核心價值，並奉為終生遵從的思想。

於是我們就把各自親近的兄弟聚集起來，並選了黃道吉日，在淡水忠義廟（現北投行天宮）插香團拜，**成立了「忠義盟」**。當時全體兄弟推舉我與啟禮為「雙龍頭」（如竹聯幕後雙主持人的制度），來領導所有忠義盟的加盟兄弟。另外，**我與啟禮在竹聯的幕後雙主持人制度就這樣沿用了近三十多年**，直到我僑居美國為止。

當時的忠義兄弟，除了有李傑的北投十五兄弟以外，還有文山的兄弟（包括十五水門）、竹聯的兄弟、血盟的兄弟、三環的兄弟、四維的陳永和、北聯的兄弟、淡水的鮑家寶、蔡慶

暉、袁世寬等兄弟。此後，我們的身邊多了一支以「忠義」為核心思想的兄弟，這也是成立忠義盟的本旨。

隨著時間的流逝，當年忠義盟的兄弟已有不少人逝世，留下的也垂垂老去，但我相信，無論是過去、現在或未來，忠義的精神會永遠傳承下去。這就是成立忠義盟的最高宗旨。

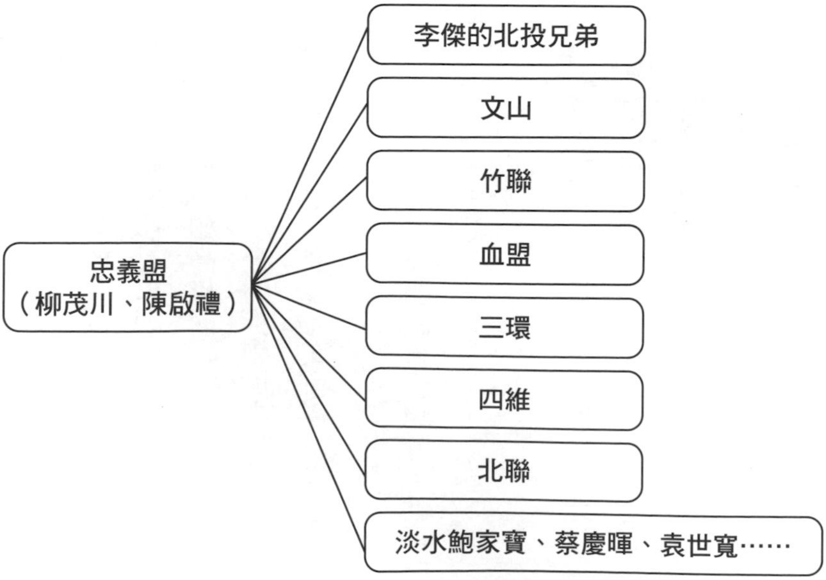

▲ 忠義盟為一個跨幫派組織，以忠義為核心價值，採雙龍頭制。

04 矛頭對向盟友，演變為「四幫混戰」

以前文山幫的小型聚會，大都是在（臺鐵）古亭車站的巷內舉行。大一點的聚會，就會從臺大附近的水源地過河，到中和鄉的竹林或水壩舉行。原因是那裡比較偏僻，可以避開人們的耳目。

以前我和啟禮還沒搬到淡水的時候，文山和竹聯的往來算是融洽，沒出過什麼問題。因為我本身就是文山的老大，同時又是著手改革竹聯的人，並帶領他們攻擊四海，所以文山和竹聯兄弟見了面就算有點不對頭，也不會在我與啟禮面前起衝突。**但自從我與啟禮都搬到淡水之後，多數時間都在淡水，來文山線或中和鄉的次數就比較少**。這段時間裡問題就接連出現了。

文山和竹聯的一些聚會都在中和鄉，兩幫不熟的兄弟往往因碰面而產生摩擦，進而拳腳相向，後來甚至演變為兵刀相見，這是個令人非常頭痛的問題。當時兩幫兄弟在各方面的關係，都很錯綜複雜。

文山本身的問題較單純，竹聯則因為有許多兄弟是我從文山帶過去的，以及一部分是從外面招進的新血，還有一些不支持啟禮的派系跟基竹的兄弟，所以竹聯大部分的兄弟都較尊重我。但有極少數不識大體的兄弟，**他們不去進擊仇敵四海，反而把矛頭對向了自己的盟友文山幫**。

說實話，對於這種情形我並不感到訝異，因為早期的竹聯老兄弟之間內鬥得非常激烈、凶殘，甚至到經常互相殘殺的程度。如老兄弟新世樂、新世志、豆干與其他老兄弟時常產生衝突，幾乎把自己人都砍廢了，但對外的作戰卻沒那麼熱衷。

因為豫溪路口小弟斷手事件，促使大家一時同仇敵愾，暫時停止了內鬥轉而對付四海。當內鬥一停，精力自然就放在對付外部的衝突。但後來竹聯部分兄弟的作戰與攻擊的方向就偏執了，他們攻擊的對象不是四海，而是自己的盟友文山。

三幫混戰：四海、竹聯、文山，連血盟也跑來戰

俗話說「手心手背都是肉」，我和啟禮幫誰都說不過去。我們當時想，他們也許小打小鬧一陣子就會收手，所以就讓這種情形順其自然的發展。但事情的進展卻出乎我們的意料之外，雙方的小打小鬧演變成長期的拚鬥。啟禮跟文山是結拜兄弟，而我跟竹聯結盟為兄弟進而加盟竹聯主事、改革，並調度兄弟進擊四海，所以我們最不願意看到的，就是文山跟竹聯

之間的拚殺。

文山與竹聯開始出現衝突時，文山的樂鳳岐、蕭定人和金振甲三位兄弟，一起到淡江找我談過，並問我怎麼辦。我說：「目前盡量減少衝突。你們管束一下兄弟，不要主動出擊中和鄉，採取防守就行了。」

但在這段時間，許多情況下我仍主導了文山與竹聯對四海的攻擊，因為竹聯大部分的兄弟還是尊重我。這樣的狀況可說是**「三幫混戰」：四海、竹聯、文山各自把對方當作目標，互相攻擊**，情況頗為混亂。

在三幫混戰不久後，某一晚我在臺北戲院（常上映日本時代劇，也就是日本武士俠客片與戰國片，如宮本武藏、新選組、里見八犬傳、風林火山、日俄戰爭等）晚場散場時，遇到血盟中生代兄弟劉北平跟徐印衡。他們說：「正好有事要跟大哥商量。」在邊走邊談的過程中，他們說因為竹聯挑釁，他們已經決定與竹聯作戰。

當時我知道這應該是血盟中生代的決定，我無法勉強扭轉這樣的局勢。一開始我認為不會有太大的衝突，殊不

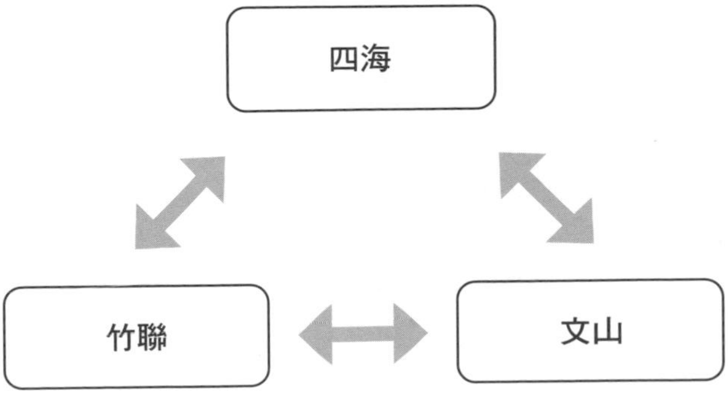

▲ 由於各幫兄弟互有摩擦誤會，進而拳打腳踢、兵刀相見引發「三幫混戰」。

知後來打得最劇烈的就是血盟與竹聯。所以**後來演變為成「四幫混戰」（四海、竹聯、文山、血盟）**。

四幫混戰延續的時間很長，從民國五十年開始，持續到民國五十五年，足足有五年的時間。這段時期，文山、竹聯、血盟當中，有不少我親近的兄弟受了重傷，也有不少兄弟入獄。

在文山對抗竹聯的戰役中，文山戰將彭立曾手持木棒，陸續在古亭金門街與羅斯福路交叉口，以及圖書館一帶與竹聯兄弟多次戰鬥，並打退對方的圍攻，極為勇敢；文山第三任老大李國琪則在西門町，用獵刀砍傷竹聯的建中僑生「拿破崙」。

吳自清、小熊等人，也與竹聯發生兩次遭遇戰。我的親信老弟，文山掌法

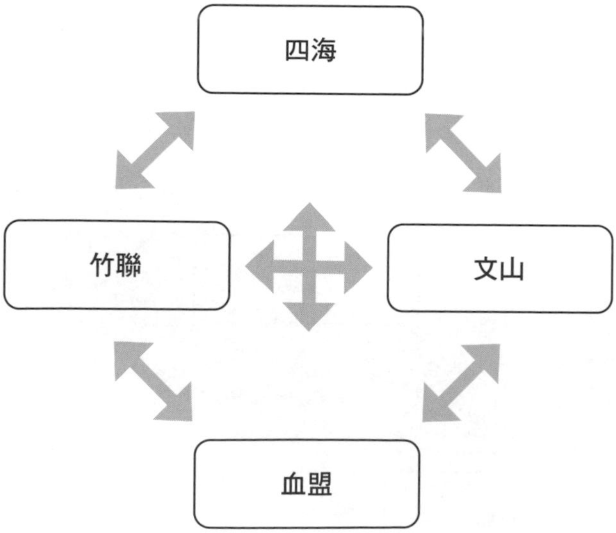

▲ 因竹聯不斷挑釁，血盟也加入作戰，所以後來演變成「四幫混戰」，其中又以血盟和竹聯打得最劇烈。

張鶴也是位勇猛的戰將，他曾在雨夜乘三輪車突擊中和鄉；戰將涂世欽、陳壘，也均曾主動出擊。我有一位很親近的基竹兄弟，同時也是我浙江臺州的同鄉阮盛源，被張鶴在金門街的戰鬥中捅成重傷並傷及內臟。盛源因此一輩子都恢復不了元氣，著實讓人惋惜。

在血盟對竹聯的戰役中受傷的，有民國四十九年由我任命的竹聯掌法周金海，他被血盟兄弟重傷背部，縫了幾十針；血盟的張彤雲也砍傷了啟禮任命的愛將，竹聯掌法宋華慶。不過當時血盟的兄弟，包括建華新村這批年輕的新軍，也付出了不少代價，其中有二、三十人都坐了牢。

在血盟與文山的誤會衝突中，三毛將阿斗砍成重傷。三毛有一次去延平北路的十五水門參加舞會時，與十五水門（文山的兄弟）的阿斗跟阿勇發生衝突。後來，阿斗去長春路的親戚那拜年時，被三毛看到，三毛立即拿武士刀把阿斗砍成重傷。他們均不知道雙方都是我最親信的兄弟。

在竹聯對文山的拚殺中，文山有兩位兄弟在新生南路三段（憲兵訓練中心附近），被竹聯的兄弟砍傷，受傷頗重；文山新店的猛將東北（劉振北）兄弟與竹聯的小溜在拚殺中，用強損將小溜整個人捅飛過一臺腳踏車，重傷了小溜；胡永康（安東街老大）也被竹聯汪沛雷在華僑舞廳嚴重的捅傷內臟。

在四幫混戰之前，某次在中山北路的舞會裡，我又遇到楊愛時。當時他也許是因為之前我砍傷他的關係，為了面子，於是他就衝向我，作勢要與我爭鬥。因當時雙方都有朋友在場，在雙方勸架時，他趁機踢了我左大腿一腳。雖然這一腳我並沒受到什麼傷害，但他總算是找回一點面子。

我相信，他之前跟我拚鬥過，心裡也知道，要跟我硬拚的話，我可是很難對付的對手，所以踢了我一腳後，也就見好就收了。畢竟在新生社的時候，是他先找我，不是我去挑釁他，所以我與楊的事情就在順水推舟的情形下了結。

一笑泯恩仇，我對兄弟有交代了

四幫混戰期間，各幫互相之間出現摩擦與衝突，都有損傷。但文山與血盟，尤其是血盟，還是積極的對四海作戰，雖然他們和竹聯的衝突也增加了。此時，一場重要的時刻來臨了。有一晚我接到消息，當年在豫溪路口那個身材高眺、動作敏捷，從我左後側衝砍我左手後，順勢向小弟站立的方向衝去的人，已被認出是誰，並已掌握了他的行蹤。

據說，當年此人從背影上看，很像是四海的吳自強，因此我認定是他砍斷了小弟陳思景的手臂。而當時得知他在北師附小旁邊補習後，我立即帶血盟的劉北平、徐印衡、董愛群和黑豹衝去襲擊。在巷子裡等了不久，吳自強就揹著書包從巷內走出來。他一出來，徐印衡立即從後面衝上，一刀重傷他的左手臂。他傷勢不輕，但仍對著我迎面衝來。我立即一刀砍向他的左肩，卻被他敏捷的閃過，並鎮靜且身手矯健的立即衝出我們的包圍。

此事鬧開後，我本來計畫要到醫院繼續堵他。但事後吳自強的老大（老四海老大）出面調解。據說吳自強當時表示，當時在豫溪路砍了柳茂川一刀，如今柳也回了我一刀。於是他決定退出江湖，希望恩怨能到此為止。

這是多麼有氣魄的人講出的話，我聽到後感到非常佩服，覺得他是個敢做敢當的男子漢。加上他的大哥與我也有交情，於是我欣然接受了他的和議，雙方就把此事了結。後來聽說醫生有幫吳自強接合斷掉的手臂骨頭。經過了這次的事件，對小弟陳思景與中和鄉的兄弟都有了交代。我，柳茂川，終於幫大家「找回來」了。

在這段時期，不管大家怎麼打，都絲毫不影響我與啟禮和中和鄉一些老兄弟的感情，也未影響當時忠義盟兄弟之間的感情。在那時候，我們大家不但有來往互動，還常一起聚餐聊天。尤其是基竹的兄弟，還是堅決的站在我這邊。反正當時有個原則，我暗示我這邊的兄弟，不管怎麼打，別傷到陳啟禮。而啟禮也告訴他的人，不可傷到柳茂川。

在四幫混戰時期，我逐漸居於重要的主導地位。一方面帶領文山和血盟，同時也調度竹聯的兄弟對付四海。到四幫混戰中期以後，由於血盟的戰績出色，一股新興的力量興起，這也是我在臺北的聲望達到最高峰的時候。啟禮曾跟我說：「我現在不太混了，而你已進入臺北江湖的主導地位了。」

我還記得有一次，一位血盟兄弟劉秀雄被抓進少年組（按：隸屬於各地警察局，為輔導青少年不良傾向，及防止其犯罪而設立的機構）的時候，少年組組員曾跟他說道：「喂，你的大哥柳茂川，不但是文山、血盟的老大，還帶領竹聯。還不夠嗎？難道他還想做臺北市的老大？」

在漫長的四幫混戰中，我耽誤了不少學業。在北師附小傷了四海吳自強的事件達成和議後，我帶動對四海陣營的攻擊也就慢慢緩和下來。有一次，我碰到四海當時的老大王大衛，他問我認不認識血盟兄弟，我說我認識，他強調不是老血盟兄弟，而是現在正在混的血盟兄弟。我說：「是的，我跟他們很熟。」他接著說**他很想交他們這批朋友，我明白他的意思就是要與血盟和議**。於是我就說：「可以的，這是可以談的。」

王大衛與我認識了很長一段時間，他是一位有智慧的頭領，他認為與血盟無止境的纏鬥下去並非智舉。我當時也認為，既然反四海聯盟與四海的關係已緩和了不少，和議一途是大家可以接受的。

經我與血盟劉北平溝通後，大家也認為這仗已經打了很久，而且血盟也略占上風，就欣然同意和議了。於是我出面安排四海王大衛、血盟劉北平和徐印衡，在書店街重慶南路巷內的一家餐廳聚餐。聚會中大家談得很和諧，這段時期的紛擾就這麼了結。

至於血盟跟竹聯之間的衝突，是由一位既是血盟又是竹聯的頭號大將陳功，帶兩位兄弟一起出面代表竹聯。而血盟則由劉北平、徐印衡、董愛群、劉秀雄和黑豹出面。雙方在西門町一家餐廳的商談中順利和議。大家一笑泯恩仇，爭鬥就到此為止。終於，長達五年的四幫混戰，總算逐漸走向平靜的局面。為此事耽誤不少學業的我，終於能把重心放回校園，後來我就慢慢放下三幫的事務（按：當時同時身兼文山幫老大、竹聯主持人，及血盟幫的幕後主持人）。

時代不同，人不再是致勝關鍵

四幫混戰結束後，有一次我與女友在新生社跳完舞後，在路邊見到有兩個人在拉扯糾纏。上前一看，原來是文山水源地的老兄弟侯柱國跟楊愛時起了衝突，同時還看到楊的左耳根被畫了一道傷口，正在流血。因大家都是熟人，所以我上去勸解並問起原由。

楊愛時說侯柱國刺傷了他的耳朵。侯柱國則說他根本不認識楊愛時，但楊在某次舞會上竟沒頭沒腦的打了侯一拳。後來警察也來了，並把他們帶到派出所，我因為關心他們就一起跟去。一到派出所，我立即建議警方，雙方對這件事有各自認知的前因後果，是否可先處理傷者。警方也同意了。但要如何結案？最後雙方是以和解結案，並由侯柱國負責醫藥費用。

派出所的事了結後，我跟女友陪楊愛時到附近的診所縫合傷口，傷口處理好後，我幫他叫計程車並陪他回家。楊知道我是個君子，不會暗中傷害他，所以坦蕩蕩的讓我送他回家。

隔天我去楊愛時家裡探望他。因那時我準備去歐洲留學，正在「歐洲語文中心」上課，所以手裡還帶了本書。愛時不愧是謹慎的人，他看我拿了本書放在桌上，馬上就順手翻了書本，檢查裡面是否有藏刀。一看沒有東西，他就放心的把書放回桌上。

四海的老兄弟寇為龍也來看他。寇保看到我就說：「茂川，你也在啊！」我說：「是啊，昨天在新生社也正好碰到這事。」他說：「這很不容易啊，你跟愛時以前還有過節的，你真是個坦蕩豁達的人！」我和他們聊了一下，就告別離開。記得後來還碰過愛時兩次。聽說他弟弟去紐約後，他也隨後去了紐約，離開臺灣。我認為，四海往後在發展上沒那麼的順利，和少了他這位智勇雙全的後起之秀有極大的關係。

混戰著實對四幫往後的影響很大，同時也是四海的一個轉折點。假如當時文山、血盟、竹聯沒有互相攻伐，而能一體合作進擊四海，四海也許往後就會處於被動的立場。但由於這三幫之間發生衝突，讓四海得以喘息並出現發展的空間。四海不但得以延續至今，更在當今熱兵器槍械時代，不居於任何幫派的下風。

熱兵器與冷兵器時代有何不同？在冷兵器時代用短刀捅刺或長兵砍劈，「人」是致勝的絕對因素。若人的能力強，就可以一對三、三對六；但在槍械時代，「人」已非絕對致勝的因素，而是火力。槍枝的數量代表火力，火力強大是新時代的致勝關鍵。畢竟，一把槍要戰勝三把槍的機會是很渺茫的。

在我專心於學業而不太管事後，發生了一件令人難過的事。**文山與血盟竟為了寶斗里（今萬華區青山里）的一點蠅頭小利起衝突，進而發生了長春路的血鬥**。此次文山與血盟在長春路的火拚，也決定了兩幫從此走下坡的命運，十分的可惜。本來在兩幫的合作下，雙方在臺北市均是處於主導的地位。但兩幫這樣互相為敵，從主導地位走向衰落之路。在某種程度上，是因我的功成身退、不管事造成的失職，導致遺憾的局面。兩邊都是我最親近的兄弟，有些人甚至從小就跟著我。手心手背都是肉，在心灰意冷之下，我後來宣布：從今以後，這兩幫的事我都不管了。當然，嘴上說不管事，又談何容易？這兩幫的兄弟對我來說，就像竹聯的兄弟一樣，千絲萬縷，剪不斷，理還亂，總是有分不開的關係。

在這時期，出現了一位非常值得一提的人物——文山李松林，人稱「文山豹」，十分講義氣且重倫理。而文山與血盟精銳的中生代在長春路的血鬥，看似幫派之間平常的一次爭鬥，但其結果影響到兩幫的興亡與消長，也改變往後的江湖生態（詳見第一二三頁）。

文山雖經三次重整，但仍難有起色；血盟傳至向拔京、柯頭就後繼無人，向拔京是一位講義氣、重倫理的兄弟，有一次不慎腳受襲而致殘，十分可惜。後來跟隨啟禮而頗得信任，啟禮在香港過世後，他返臺在臺中置產退休。

啟禮面對的內外紛爭

四幫混戰期間，啟禮系下愛將經常遭受打擊，因他是孤軍作戰，在內得不到竹聯最具戰力的基竹支持。基竹兄弟素質精良且勢盛而堅強，啟禮的人馬少而單薄，是兩個既不相屬且力量完全不同的團體。基竹統領林建發在我調度、指揮下，帶領系下兄弟紅鷹和民國五十二年入幫的童強、肉丸、王華五、楊希寧、李幹、楊寶麟，以及隨後入幫的方國俊、梁先宏等人，不停的向四海陣營發動攻擊。

他們先在中和鄉內掃平溪州等本地角頭，繼而橫掃西門町，經常巡視白光咖啡廳、惠中彈子房等地，威風八面且盛氣凌人，四海與其他幫兄弟避之唯恐不及。

這批勇敢的兄弟，成為林建發兄弟系統中的中堅幹部，對整個竹聯往後的影響與發展都有很大的貢獻，如兄弟肉丸帶領竹聯的青訓部門竹葉青，之後由童強接手，發展出不少有資質的兄弟。楊寶麟帶進吳高雄、胡執中等人，而吳高雄後來擔任老么主管作戰，吳、胡兩位也接受過在新生北路三段孤兒院的戰鬥培訓（詳見第五章），在對牛埔的作戰中，均有較佳表現並建有戰功。

肉丸、童強、楊寶麟對引進人才頗有貢獻；前掌法老兄弟王國康是血盟兄弟，基竹戰將陳功也是血盟兄弟，他們都不可能刀向文山、血盟，啟禮是處在如此錯綜複雜的局面，對內得不到支持，在外要面對經我一手培訓的精銳文山、血盟中生代。

四幫混戰當時，啟禮在這樣的狀況下，力不從心且有點心灰意冷，我和他在校園內閒談時，他說：「現在的臺北江湖是你在主導了。」我回答：「文山、竹聯、血盟兄弟之間的爭鬥，現在是避免不了的，但我們共同的敵人是四海，這是不會改變的事實。而我們三幫之間都有兄弟相連的關係，畢竟大家還是自己人，不是仇敵，我想一段時間後，應該就會慢慢平息下來。」他也點頭認為情形是如此。

接著我對他說：「他們（竹聯宋華慶系兄弟）在東門金甌女中大門前砍傷了馬紹和兄弟，這是極不明智的莽撞行為，紹和是一位很有能力與智慧的兄弟，中和鄉將可能永遠失去這位人才！」啟禮表示他事後才知道這件事，非常生氣，但已於事無補。

四幫混戰結束後，我曾去探望紹和兄弟與他懇談，對他說希望他能回來中和鄉，但他一再婉拒我的好意。他說：「我在外島管訓時每當天氣陰溼，頭上的傷痕就隱隱作痛，這是難以忘記的！」他既然坦率的說出內心的話，我也不能勉強他。

四幫混戰是文山、四海、竹聯、血盟互相之間的血腥拚殺，上述四幫是當時江湖爭戰舞臺上的主角，其他各幫派也有參與爭鬥，是臺灣江湖刀劍冷兵器時代的高潮。文山、竹聯、血盟的中生代也是在這樣長兵短刀的拚殺環境裡成長，日後都成為各幫的中堅兄弟，並揚名立萬於江湖。

文山、竹聯、血盟三幫之間互有密切關係，三幫兄弟雖互相衝突、砍殺，但在我的統領下仍各自對四海陣營（四海、成功新村〔飛虎〕、三環、四維）攻擊。四幫混戰的衝突、拚殺即使身處其中，也如同置身於迷霧一般，難以全面了解，所以稱之為「四幫混戰」。

從民國五十至五十五年這段四幫混戰時期，啟禮處於受制於內外不利的環境，屢受挫折，但他是位敏銳的聰明人，知道文山與血盟在長春路血戰發生後我感到心灰意冷，自此不再管文山、血盟兩幫事務。

但竹聯仍有我於民國四〇年代後期帶進來的老兄弟、與我感情深厚的基竹兄弟，我也不可能放下多年以來，支持和擁護我的基竹兄弟而不管，所以**我於民國五十六年在竹聯做了第二次大重整**，統領基竹各系與全幫老、中、青、少兄弟，**這是竹聯建幫以來，真正意義上的一次大團結**，竹聯在前進的道路上，又出現新的臺階與里程碑——由分離的各派系轉向團結全力對外，竹聯這次的重整也改變了往後江湖的消長與生態。

我原本預定在民國五十六年服完預備軍官役後，立即到歐洲留學，但後來答應重整竹聯而順延兩年的出國時間。光陰寶貴，但人在世間也無法不顧及人情與道義，啟禮與幾位老兄弟也費了不少的心力，這是啟禮與老兄弟對竹聯的重要貢獻，而文山與血盟長春路之戰導致兩幫走向消亡，竹聯卻走向崛起，此戰造成的結果與影響在臺灣幫派史上是巨大的。

從四幫混戰到民國五十六年我第二次重整竹聯前的這段時間，啟禮的內外處境都較為艱難，許多事情外界與後進的兄弟都不清楚：

黑鵝（彭澤洪，民國四〇年代的老兄弟）過去與啟禮有點心結而不和，隨著年歲增長，兩人的矛盾逐增，到了民國七十年則越演越烈，黑鵝對啟禮有更多的不滿與批評、責備。甚至有一次澤洪與黃舜到啟禮的「美華報導」辦公室之前（按：民國七十二年，陳啟禮創辦《美華報導》週刊），澤洪在一樓就快要與年輕的兄弟發生衝突，幸好黃舜挺身而出：「我是黃舜，這是老兄弟黑鵝彭澤洪！」年輕的兄弟因聽過黃舜的名字，總算避免一場紛爭。

澤洪與黃舜進辦公室後，澤洪就對啟禮表示不滿，並提出過去與我交情深厚和一起作戰的事，強調我們之間的情分（我也在場）。啟禮一直少言而退讓，顯示出他對老兄弟的謙讓與風度，這是他的難能可貴之處，我也認為是常人不能做到的事。

因為我在場，所以他們見面的危機由於我的斡旋，總算以「不歡而散」收場，但他們之間的心結並沒有就此消失。

後來梁先宏親口告訴我，白鵝兒子的結婚喜宴，以黑鵝為首的金、銀、銅（銅鵝唐天傑）、鐵鵝當然都來了。那時已進入民國七〇年代，林建發帶領的民國五十二、五十三年入幫的老兄弟，與陳啟禮仍存在隔閡，尤其林建發與陳啟禮的緊張關係仍未有所改善。

當驢子一走進喜宴，肉丸就問他：「萬一等一下肥婆跟鴨子（啟禮外號旱鴨子，基竹兄弟均叫他鴨子。竹聯的雞、鴨、鵝、蛇、牛、馬、狗、鳥、鷹等，是隨兄弟喜好取的外號，並沒有輩分、年齡之分）幹起來，你站在哪邊？」驢子回答：「當然站在肥婆這邊，跟鴨子幹！」不久後啟禮帶了一個小弟，就坐在大廳的角落裡，但大廳內眾多的兄弟並無一人上前招呼或接待，啟禮就這麼鬱悶的吃完這場喜宴，幸好雙方沒有發生衝突，總算平安的渡過這場危機。

文山豹李松林之心路歷程

文山與血盟自毀長城，讓我非常失望、灰心而不再管事。自此，新文山老兄弟已無人，有戰鬥力的中生代失去目標，後進兄弟也不知所向。全幫逐漸失去團結的向心力，漸漸走向衰落。在這危急存亡之時，幸好有李松林這位忠肝義膽的兄弟，毅然負起救亡圖存的責任。他在艱苦無援的情況下，一面維持局面，一面廣招新進。

某一次文山與其他幫派談判，他竟然單槍匹馬赴會。此時文山已名不見經傳，但對方對松林的豪邁與勇氣感到震驚不已，最終達成雙贏互惠的協議。在他多年鍥而不捨的努力下，文山終於轉危為安，轉弱為強，建立了一支以他為中心的子弟兵。民國四十七年創立新文山的老兄弟，都會以文山有一位如此忠義的繼承人感到驕傲。我也深切認為，所有文山的兄弟都應支持與擁護松林。

這位文山中興英雄，他有一段不平凡的心路歷程，我根據他的敘述，將其記載進本書，讓兄弟了解並共勉之：

民國四十六年，李松林年僅十歲，當時已國小畢業。遷臺時他的父親因家庭生計，為了領取大口軍糧配給，將松林生日報大兩歲。松林自幼個性十分倔強，有一年，他父母親不准他參加到新店碧潭的畢業郊遊，他竟然以十歲之幼齡，從南港舊居逃家，身無分文的步行到新店。自此，直到民國五十七年軍校畢業的十年中，他從未再踏進家門一步。

他依稀記得走到新店時已是深夜，又飢又渴的睡在公車總站的公車內。清晨被早班司機踢醒後，隨即跑到碧潭。他終於圓了畢業郊遊的夢想，但也因此讓他踏入了江湖的不歸路。他在碧潭流浪兩天粒米未食，僅靠路邊善心人士的奉茶維生。此時他幸逢碧潭二十五兄弟老大「皮鞋」的收留，僱用他在碧潭租小船及遊艇的攤商當童工。松林後來在民國四十七年考進文山中學的初中部。

是年七月，適逢我與諸好友、同學、兄弟共籌重整新文山，松林隨李國琪兄弟三人、涂世欽、張鶴、徐力行、徐力學、徐建初、鍾誠剛、王小明、何維祁（與松林同年進入軍校三十七期。駱華雄、周榕是三十五期；林國棟、黃舜、陳功是三十六期；黑鵝、青蛇、猛牛為同期的三十七期生）等人拜進新文山。

重整之初，我任命樂鳳岐接任幫主後，隨後衍生出以張百年為首的東文山，和以李國琪為首的北文山，而松林與涂世欽、張鶴均在北文山。李國琪作戰果斷、指揮有序，因此我任命李國琪為新文山第三任幫主。

這批老兄弟自民國五〇年代初期，立即迎來長期四幫混戰。在此時，上下所有兄弟均在互相尊重的團結下，各盡其職、堅守崗位而奮勇作戰。樊輝、王時正、彭立、吳自清、小熊、張鶴、涂世欽均著有戰功，打出漂亮的戰果。民國五十二年松林與樂鳳岐、張百年、何維祁考入陸軍官校三十七期。李國琪則考進政治作戰幹部學校十三期。

民國四十七至四十八年間，松林因年幼，除了打一般的戰鬥外，還未曾參與大型戰鬥。民國四十九年我找松林與竹聯兄弟，在新生北路三段的孤兒院接受戰鬥訓練後（不同於第五章的竹聯大重整），自此新文山大小戰役，松林幾乎無役不與，直至進入軍校。

松林在拜進新文山後，因較同輩兄弟小兩、三歲，在對外衝突中難免吃虧。因此他在不服輸的報復心理作祟下，練就單槍匹馬埋伏暗算的本領。常在凌晨四、五點，攜帶斧頭、童軍刀、扁鑽之類的兵器，埋伏在目標家的門口，待其出門上學時，出其不意的給予痛擊。經過這類多次實戰後，才逐漸打出「文山豹」的名號，許多人不敢惹他。

松林在民國五十七年自陸軍官校三十七期畢業後，服役憲兵十年。民國六十七年役滿以少校官階退伍。退伍後，周榕、辜慶爾曾三番兩次邀請松林加入竹聯幫（當時的文山已不存在於江湖），但松林均未答應，為此還引起周榕的不快，認為松林不識抬舉。但他們不知，松林那時沒有重入江湖的意願，且已有了結婚成家的責任。

放棄鐵飯碗，賣房救文山

民國六十九年松林應交通部之聘擔任公職。他原以為可以從此遠離江湖是非。豈料民國七十七年，有兄弟發起重整文山運動，消息傳至松林耳裡，他深感雀躍。文山重整之日，松林受邀參加（當時還是公職身分）。會堂席開百桌，各方豪傑英雄齊聚，共開八個堂，推派兄弟A為幫主、景美十五分兄弟桂豪洪為副幫主、三張犁俞復初（白哥）為執行長，幫眾數百人，聲勢浩大，一時震撼江湖。

文山重整之後，在民國七十九年八月某日，兄弟B急電邀松林喝咖啡，見面後他告知松林，自A任幫主以來，帳目不清（據傳文山重整時募款超過千萬元，小青島就捐了三百萬元），賀處理江湖事務又常獨食，引起眾兄弟不滿，欲拔除之。又謂松林素來正義凜然，風評甚佳，大家特請松林擔任文山總監察人，督促A公布帳目並召開重要幹部會議，解除A幫主職務，改請B接任。

松林當時心繫文山的存亡，沒多加思考就答應擔任總監察人。他經過三個月的奔走了解，證實B所言不虛，於是招集重要幹部舉行會議，投票解除A幫主職務，改由B續任。B接任幫主當日，提出開除A幫籍之議，而松林竭力阻擋，致此案未能得逞。

上項任務完成後，因松林仍任公職不便參與幫中事務，也從未過問。豈料不到一年，又聞文山幫兄弟紛紛離去。據說原因與A任幫主時情況相同，文山幫又再次面臨瓦解。松林再三思考，認為當年A與B之鬥爭中，他受蠱惑參與其中，加速文山幫的敗亡。在不忍文山幫又再次消失於江湖的責任心，以及往年對文山深摯感情的驅使下，松林毅然決然的辭去公職，並賣了一棟房子，重出江湖再度重整文山幫。

自民國五十二年九月入軍校起，至民國八十一年九月辭去公職止，松林脫離江湖整整二十九年，除了老一輩的江湖兄弟外，中生代後起之秀幾乎無人知道「文山豹」，提起豹哥常讓人誤為是「松山豹」王志強。當時又正值竹聯幫因江南案、四海幫因鴻源案（按：以投資公司名義成立的鴻源機構，實為老鼠會，藉由提供誘人的高利率，非法吸金近新臺幣一千億元，結果在民國七十九年突然倒閉）、天道盟在一清專案後，崛起之勢如日中天，在年輕一代的江湖兄弟眼中，文山幫相較之下並不有名。

松林決定以文山幫「老矮驟子」的身分（時年四十六歲）闖蕩江湖，終於以膽識、義氣闖出「文山豹」的名號，也陸續吸收約三百餘人，願與松林共患難。

民國八十三年春，松林趁勢重整文山幫，開設六個堂口。開堂之日席開近兩百桌，各大幫派、角頭兄弟約一千五百人以上到場觀禮，然而文山幫眾老兄弟竟無一人到場祝賀。

表面的原因像是文山歷經多次重整均無疾而終，而失去信心；但真正的原因，是自從我宣布不再過問文山與血盟兩幫的事，文山的老兄弟即失去「向心團結」的意識，再也無法如同當年創建新文山時，眾兄弟精誠團結。這也是松林難以扭轉的現實。

其他各幫派、角頭兄弟深覺詫異，松林只能苦笑以對。儘管如此，他們仍在關聖帝君駕前，莊嚴隆重的豎立文山的旗幟。尤其讓松林感動的是劉應潮（民國四十一年出生，於民國七十七年文山幫重整時和劉寶華由南門口轉拜入幫，劉應潮和劉寶華比民國四、五〇年代老兄弟要晚入幫很多年）、劉寶華、俞復初三位兄弟，當日也歸隊加入文山幫的行列。應潮與寶華是民國七十七年文山重整時加盟的，也是目前文山幫唯一的老兄弟。

自此松林又開始了他的江湖不歸路，先後在高雄、臺中、苗栗、花東地區開立了近三十個堂口，延續文山幫二十餘年在江湖上聲名不墜。同時松林也付出了他的壯年歲月和一生積蓄。松林他從未靠幫派勢力賺取非法之財，導致跟隨他的兄弟也苦了一輩子。松林這種重義輕財、廉潔清高、一心為文山的自持，至今仍得不到家人的諒解，且對跟隨他的文山幫兄弟的愧疚感也難以消除。

松林曾試圖獲得家人的諒解。他曾在臺北延平南路三軍軍官俱樂部召開金盆洗手儀式，席開百桌，昭告臺灣南北兄弟，並將文山幫主之位交由他人接任。半年後，他去大陸成都發展事業，幫務又轉交另一人執掌。這段時間因幫內發展停滯，松林又不得已再出江湖，成立「洪門聖文山」，以作為文山幫的後備部隊。歷經數年觀察，文山幫務仍未見起色，松林頗為擔心，他辭世之日就是文山幫瓦解之時。

松林帶領的都是鐵血忠義之士，哪怕他身無分文，他的兄弟也不會捨松林而去。但他們也常告知松林，如他有一日不在世上，他們就會退出江湖。這正是松林所擔心的，因此他考慮再度重整文山，續任幫主，用餘生培養一批優秀的接班人，延續文山香火，使之發光發熱，否則松林覺得遺憾終生。

以上均為松林向我親口敘述，真是一段超乎常人的血淚歲月。我對松林那重義輕利的高風亮節甚為欽佩，我們是屬於同一類型的兄弟。

05 四幫混戰後，竹聯最大規模重整

到了四幫混戰後期，當年學生幫派的兄弟大都已年屆二十多歲，小一點的也大都成年了。隨著年齡的增長，每個人的各種經濟負擔也隨之而來。於是有許多兄弟需要想辦法改善自己的經濟狀況。

浴血地下賭場

當時與我非常親近，早年就結拜聯盟的老兄弟——北投十五兄弟的李傑，他帶領一批以竹聯為主的戰將童強、驢子、野雞以及王大頭等兄弟，向臺北各個地下賭場收取保護費。眾所皆知，能開設地下賭場的人皆非省油的燈。而能向他們收錢，可見李傑與童強這批兄弟的狠勁不在話下。

不過在眾多賭場裡，偶爾還是會有幾家不肯合作。對於不肯合作的賭場，李傑的做法就是強取、豪奪。但在某次對位於臺北臥龍街、本省角頭開設的賭場行動時出了事。

這場發生在近五十餘年前的激烈戰鬥，即使在盛行刀劍拚殺的冷兵器時代，其慘烈程度也是十分罕見。事後，李傑親口將戰鬥經過情形告訴我，童強、王大頭也做了補述。

後來因為我想更進一步了解，這場發生在近五十餘年前的「臥龍街刀劍浴血戰」，在民國一〇五年夏季的某一天下午，我、驢子和慶暉事先約好在淡水半山別墅的慶暉家見面。驢子和慶暉都住淡水，也是有交情的老兄弟。

那天驢子來的時間比預定的早，我問他：「不是講好等你睡過午覺後，大家再見面？」驢子回答：「大哥約我見面談事情，也就睡不著了，所以就提早來了。」

童強、肉丸、王華五、楊幫寧、馬面、驢子等人，都是民國五十二年入幫的老兄弟。他們都是英勇善戰、卓有戰功的竹聯兄弟，又特別尊重倫理。依據李傑的親述、童強和王大頭的補述、再加上驢子解說，事情經過大致如下：

李傑對臥龍街這家賭場劫財是臨時起意的。那天傍晚他好像因為有點事到成功新村，一時起了向附近的臥龍街賭場動手的念頭，也就倉促間只招集六、七位兄弟。但像猛將童強、驢子他們大多數兄弟都沒來得及通知，所以在行動前的準備工作完全不夠。

要進入這家賭場前，要先從旁邊的一條巷子進去。巷子裡有幾處菸攤，這些菸攤都是賭場的前哨眼線，他們見到李傑等人馬上按鈴示警賭場。在李傑帶領兄弟進入賭場前，即遭到三十至四十多人，手持武士刀且備有長兵器如掃刀、強損包圍。無論在人數、兵器以及形勢上，都處於絕對劣勢的李傑等人，頓時陷入了絕境。

對方在包圍了李傑等人，占有絕對戰鬥優勢後，就大聲恐嚇要砍死他們。領軍者只要有絲毫露出膽怯或戰鬥意志動搖，那下場就是全軍覆沒，沒有兄弟能殺出重圍而回得了家。好在李傑戰鬥經驗極為豐富，不但毫無懼色，反而向敵陣大叫一聲：「兄弟們！殺上去！」自己率先揮刀殺向敵陣，兄弟因此士氣大振，也奮勇向前拚殺，一場慘烈的戰鬥就此展開。

李傑向前衝刺砍傷對方數人，拿出拚死戰鬥的態度，當時敵方也大吃一驚，在自己占有這麼大的優勢下，居然還被李傑等人攻擊。但畢竟敵我雙方的人數相差太大，李傑等人幾乎一個人就要面對配有長兵器的五、六個人，李傑與這幾位兄弟雖奮勇拚殺，但時間一拖就難以支撐。

李傑也知道在久戰下，對己方非常不利與危險，就立即決心向原路（進來的那條巷子）突圍，並由他自己親自斷後。

據事後李傑、童強與驢子親口告訴我，當時李傑的武士刀護手都被砍爛了，刀刃上也被砍了多處缺口，手臂與身上也被刀傷了三十多處。在這麼艱難的戰況下，他還分別擋住砍向王大頭與野雞的致命劈砍，救下他們兩位，並奮勇帶領兄弟殺出重圍，不放下任何一個兄弟。這種臨危決斷，不是一般刀劍高手能做得到的。

在整場戰鬥中，李傑等人雖然在人數和武器上居絕對劣勢，戰鬥狀況如此不利，王大頭手腳、身體上有四十多處刀傷，尤其腿傷頗重，仍拚命砍殺；另一位兄弟小史（外號眼鏡，臺大電機系四年級，香港僑生），不幸被強損捅刺穿胸，仍拚殺到底。而對方也多人重傷，付出很大的代價。李傑與眾兄弟一點也不失英雄本色，可說是刀劍冷兵器時代以劣勢兵力對絕對優勢兵力的戰鬥典範。

此次敗仗，只是李傑一時準備不足而輕敵大意，遭遇重大損失。這也是在刀劍冷兵器時代的佼佼者李傑，一生中僅有的一次失手。他最後魂斷巴拉圭的首都亞松森，原因為受到兩名槍手的突然襲擊，使他猝不及防。

另外一次的衝突是發生在叫做「南門蔣」的賭場裡。這一開始只是個誤會，其實衝突本來是可以避免的。當時童強的小弟野雞去南門蔣收保護費時，因對方大哥不在，野雞收不到錢，所以他臨走前講話不太客氣，但對方並沒有說不付。等對方大哥回來，得知野雞的態度後，一氣之下招了二十多人，布下陷阱等童強再度回去收錢。

果然，童強不知有詐，第二天跟文山的涂世欽和幾位兄弟再去南門蔣賭場時，身上既沒帶貨又沒帶多少人。他們一進南門蔣的場子，就被多人攻擊。幸好這次童強與他帶的兄弟並非泛泛之輩，雖身中好幾刀，但還能搶奪對方的武器繼續拚殺突圍。所以無庸置疑，李傑、童強與涂世欽實為冷兵器時代使用刀劍拚殺的佼佼者。不過在拚殺中，童強等人未察覺，文山古亭的兄弟王科也在賭場裡，還不小心捅傷王科，事後覺得過意不去。

在李傑以刀劍帶領兄弟闖蕩地下賭場的同時，老四海的羅文濤也帶領四海兄弟打劫臺北多家賭場，但他是以有壓倒性火力優勢的衝鋒槍壓陣。賭場在目瞪口呆下，只能讓他們予取予奪，從容得手後揚長而去，當時也震撼了大臺北的江湖。

「臺北華南銀行殺人搶劫金庫案」誰做的？

另有一件轟動一時的「臺北華南銀行殺人搶劫金庫案」（發生於民國七十二年）。當時臺北華南銀行的金庫門被打開，現金被洗劫一空，而金庫門的密碼由該行的經理保管。案發後銀行經理失蹤，之後被發現遭殘忍殺害，陳屍於野柳。當時外界一度謠傳此案是李傑所為（按：案發七年後，警方才終於破案，讓凶手胡關寶認罪），但據我了解，此案絕非李傑與他的兄弟所為。

第一，李傑一生從不傷害無辜者，他一向只是黑吃黑的對地下賭場等場所強取硬奪，絕不會為財去殺害一個手無寸鐵的銀行經理。李傑本人也沒有跟我提過這件事，而我們之間是沒有祕密的。

在李傑過世後多年，我曾跟童強、驢子這些跟隨李傑的幾位兄弟談過，他們都異口同聲的說：「李傑絕不會做這件完全違背他原則的事！」而我也確信他們所言，李傑一向尊崇傳統道義，絕不會做這樣的鬼魅勾當。

第二，李傑已經離世，此劫案也過了法律追訴期，他們沒有隱瞞的必要，況且此劫案也不是一個人能做到。

金庫內巨額現金需要多人搬運，同時也沒看過李傑與兄弟擁有巨款或花費揮霍的情況。此次借本書回憶這位八拜之交的忠義之士，也希望能替他洗刷這轟動一時的「臺北華南銀行殺人搶劫金庫案」的嫌疑。

魂斷亞松森

最令我懷念的老兄弟之一，是從民國四〇年代中期就結盟的李傑。他為人話不多，但重義輕利。每當我需要戰鬥的支持時，他總是及時到達。

我們第一次見面是約在古亭火車站，是哪位兄弟牽線介紹的，因時間久遠已不太記得。我們見面後很投緣，且日後也成為生死之交的兄弟。每當有重要的戰鬥時，他總是給予我很大的助力。我能在多次戰鬥中取得上風，他實為幕後的無名英雄。

當時的新店線（新店到萬華）與北淡線（臺北後火車站到淡水）是貫通臺北市與臺北縣鎮的兩條主要動脈。新店線上有新店的王安仁；大坪林的內山；景美的一角；水源地的段雲生、劉晉成、小雞、管銘；古亭的王科、臧忠望、三角頭等文山兄弟經營。

新文山建幫又接力而上，且對四海陣營採取攻擊態勢。整個大後方的新店線、文山區是穩固安全的，而我考入淡江就讀後有大半的時間是在淡水，所以我認為經營北淡線[4]是當時很重要的事。

好在北淡線上有兩個支持我的力量，一是早已結義的李傑兄弟，另一是在豫溪路口小弟斷手事件之前，我代表文山與北聯兄弟的結盟，以及事件後代表竹聯與北聯兄弟的結義。當時北聯老大饅頭與各位兄弟都非常有義氣，在竹聯最艱難的時刻，無條件的立即發兵西門町攻擊四海，並調貨給我，向竹聯提供武器。

由於在北淡線上有這兩個強而有力的支援，這使我在經營北淡線上的工作較順手。而慶暉、鉛筆等這批兄弟成長很快，慶暉與火雞等兄弟，很快就在淡水與北投站穩腳跟，立有一席之地。

慶暉、火雞有一次跟北聯兄弟發生武力衝突，但在我出面調解後，北聯兄弟很大氣的和解，內心不生芥蒂。即使在四幫混戰時期或後來，有些不識大體的少數竹聯兄弟與北聯兄弟發生不愉快的衝突（這與後來北聯兄弟與四海逐漸走近也有關），但並沒有影響我們始終良好緊密的關係。

還有三張犁以老大李存果為首，加上馬祖德、侯湘霖、徐根林等兄弟支持，以及北聯兄弟的出兵與武器的支援，使我在四幫混戰時期能在北淡線大後方安定的情況下，在前方可放心出擊四海陣營，於長期對四海陣營作戰中逐漸取得主動立場。

當時的四海已長久稱霸江湖舞臺，寇為龍、吳國術等老四海戰將雖已就讀軍校淡出江湖，但實力與聲望仍在，尤其四海的個別擊破戰術特別犀利。我利用合縱連橫戰術，使四海在多方面受敵下，才破解四海無往不利的個別擊破戰術。

在我人生旅途的江湖生涯裡，四幫混戰的關鍵時期，李傑、北聯、文山、三張犁以及竹聯等兄弟都貢獻了最大的支援，至今我仍沒有忘記他們的情義。

李傑兄弟是一位長跑健將，而且善使刀劍，耐力既長且強。在刀劍冷兵器時代中為了取勝，勇氣及技巧不可或缺，但在戰鬥中的耐力持久更為重要。所以李傑在刀劍拚殺中，很少遇到實力相當的敵手，而他的勇猛更是震撼江湖。

到了民國七〇年代，李傑因在臺灣背負案子太多，待不下去，只好先去美國躲避風頭。之後又因為在美國犯下多起案件，不得不轉而退至巴拉圭的亞松森。到了巴拉圭，他與另一位戰將、臺北中崙的老弟合稱「亞松森雙霸」。兩人雖互不來往也不衝突，但都是終日槍不離身，並在兩國邊貿橋頭向商人收取保護費。不過在此之前，李傑與當時四海的後起之秀劉偉民發生過極大的摩擦，因此劉偉民疑似委託了日本的黑道兄弟赴亞松森刺殺李傑。

李傑有洗三溫暖的習慣。某日，他與小弟在三溫暖的更衣室卸下槍枝與衣物並放入置物櫃後，才剛換上浴袍，兩個日本殺手已無聲無息的來到他面前，並迅速向他的腹部開了兩槍後快速逃離。勇猛的李傑不顧腹部的槍傷，立即從置物櫃裡拿出手槍，追到門外路上，一槍將其中一位殺手當場擊斃。

然而，他終究不支倒地而亡。李傑的小弟也同時取槍，追向另一個奔逃的殺手，追了幾條街，趁殺手要翻牆時，朝他的後腦勺開了一槍，當場將第二個殺手擊斃。這個情形是當時「亞松森雙霸」之一，中崙的老弟到了洛杉磯後告訴我的[5]。

當這個噩耗傳到洛杉磯和臺灣後，讓我十分震驚且痛心萬分。痛失如此勇猛忠義、忠誠相待的生死兄弟，我這做兄長的，僅能備香燭遙相祭拜，讓人不勝唏噓。我還記得，我出國留學前的一個夜晚，李傑到我家拜訪，我們在客廳促膝長談，談了不少事。最後他說，兄弟都希望我能早點回來，我不在大家總覺得差很多。如今斯人已遠逝，但李傑的英勇忠義事蹟與音容，則永遠存在兄弟心中。

4

當時對北淡線的戒備，是平時請線上有來往的兄弟、朋友、同學，一經發現有生面孔出現，立即以電話告知聯絡站。另外在北投站、淡水站也常設有眼線，專門監視有無敵對人馬的出現及蹤跡。一旦發現有異動，馬上請人通知北投與淡水採取戒備形態。再來是依據情報得知敵對陣營有所行動時，採取應對的戒備。

有一次，中和鄉竹聯唐家三姊妹（大姊唐美雲、老二唐美達、小妹唐美麗（即演員丁珮））得知竹聯內有無知狂妄之徒，想到淡江偷襲我，她們立即請好友錢芳娟擔任信使，趕來淡水通知我這個緊急狀況。

我得到這個寶貴的訊息後，北淡線立即做緊急戒備。好在事先做過幾次預習，就按照規畫的去做：請北聯兄弟負責在北投段攔截，李傑帶隊來淡水支援，使兵力上占有一定的優勢，負責戒備淡水站到淡江校園的攔截與埋伏；慶暉的火槍刀劍隊，準備圍殲來敵。慶暉與火槍刀劍隊隨侍在我左右負責貼身護衛，在如此防範下，任何來襲的力量必定遭受打擊。

自從我進入淡江到畢業離開的近六年時間，自始至終都沒有受到過任何的襲擊，使我的大後方平穩、安全，這與我對北淡線的經營與注重警戒布署有關，而北聯兄弟、李傑、慶暉等人均是功不可沒。

慶暉在我的調教下，除了精熟使用刀劍兵器，且對敵攻擊的戰術運用，已有一套「戰前」、「戰鬥中」及「戰後」的完整規畫。

5

李傑遭到兩個槍手的突然襲擊而魂斷亞松森，也有另一個說法。二弟陳鴻鈞來上海時告知我，李傑在南機場的幾位老兄弟告訴他，李傑是在住所受到兩個翻牆潛入內院的殺手襲擊，在猝不及防的情況下讓槍手得逞。

李傑遇害雖有兩個不同版本的說法，但不管是前面亞松森雙霸之一的中崙老弟所言，還是李傑的南機場兄弟所說，都有一個共同的事實，那就是李傑是遭遇到兩個槍手的突擊，而魂斷亞松森。

這也顯示出，刀劍冷兵器時代的高強能手，終究也敵不過槍械火器的突襲，臺灣冷兵器刀劍代表人物最終還是會退出江湖舞臺、走入歷史。以刀劍正義主宰江湖的冷兵器時代，也一去不復返，只留下對李傑的無限惋惜與懷念。

第二次重整竹聯

我在服預備軍官役之前，常在下課後去「新加坡舞廳」跳舞。老兄弟張恆昌、張伯樂也常會在那。啟禮雖然不太跳舞，可是知道我常去那裡，所以也常會跟我約在那裡見面，一起吃飯。啟禮當時並沒有把中和鄉的實際情況告訴我，只說很希望我能繼續留在竹聯，再把竹聯壯大。後來我了解實際狀況後，發現當時中和鄉的幾個派系不肯團結在一起，新進兄弟的人數也偏少。

每當我想到啟禮跟我的交情，和大家以前對我的期望與支持，就覺得竹聯與我的關係，就好像文山、血盟與我的關係一樣，是不可分割的。再說，竹聯從民國四十七年後期至五〇年代初，有不少兄弟都是我帶進來的。同時也想到，當年我在文山區新店線上能帶頭，啟禮與竹聯各兄弟的支持是不可或缺的。

有件事我記得很清楚。在一次文山線上的幾個幫派聚會時，啟禮把一根竹竿插在地上，對著大家說：「誰有不服柳茂川的，有如此竿！」接著就一刀把竹竿攔腰斬斷。雖然事隔六十年，但當時少年啟禮的意氣風發，至今猶在眼前，令我頗為懷念。

這些義氣與人情不能一筆勾銷。同時，在團體利益與個人利益矛盾時，也不能完全置團體利益於不顧。所以在盛情難卻的情況下，我答應啟禮的挽留。這也使得我出國留學的計畫延後了兩年。

民國五十六年**我與啟禮決定舉行竹聯重整儀式**。我們招集了重要的老兄弟，在某天的下午，聚在金華街啟禮的家裡舉行儀式（當時他的父母不在家）。磕頭行禮過後，我與啟禮在門口放了一串鞭炮。一串鞭炮放到最後都會有一聲最大聲的，不過這串鞭炮最後的那聲卻特別響，於是啟禮問我：「這次的鞭炮這麼響，是不是表示以後要搞得很大？」我說：「是呀，有可能！」隨著這聲巨響後，我再度領導了竹聯，肩負重整竹聯的重任，致力於加強竹聯的團結與戰鬥力。而我與啟禮的合作，也越來越緊密。

這次的重整，主要有兩大重點。**第一，就是把竹聯全體兄弟團結起來**。當時竹聯最大、最支持我的派系就是基竹的兄弟。而基竹內的吳派（吳沅新）與林系（林建發）內的多位戰將，不太買啟禮的帳，甚至跟啟禮有些摩擦。

他們是一支具有相當人馬且有戰鬥力的團隊。不過他們有個共同的特點，就是他們大都不跟啟禮往來，

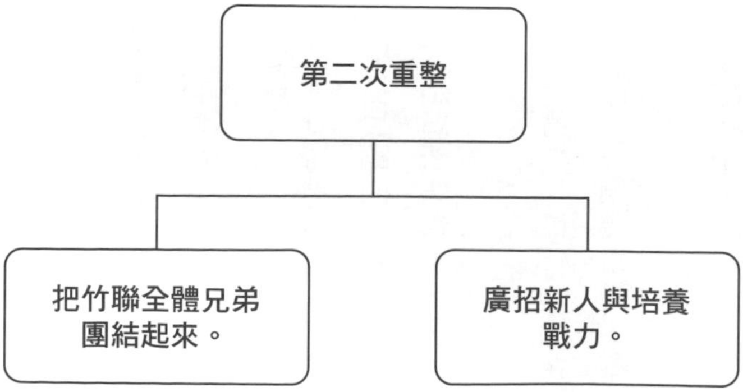
第二次重整
把竹聯全體兄弟團結起來。
廣招新人與培養戰力。

▲ 有別於第一次重整目的是籌組反四海聯盟，第二次重整的重點在於凝聚內部向心力和壯大幫派。

而且通常都稱呼啟禮為「鴨子」。例如，基竹的老兄弟林建發（肥婆）就與啟禮發生過齟齬。當時肥婆最看不慣的就是啟禮身旁的兩個小跟班，一個外號叫做「安理會」，另一個外號叫做「婦女會」。肥婆多次想教訓他們，卻都被啟禮攔下來。

但由於這次的竹聯大重整，是由我再度出來主持，並說動基竹的領袖，希望他們能以團體為重。他們看在是由我來主持，也就樂意加入，並且接受我的指揮與調度。

回想當時，我之所以在竹聯、文山、血盟各幫內有較高的凝聚力，原因有二：在我主持三幫的時期，都是由弱變強、立場由被動變主動，且興起的時間很快，所以大家都對我有所期望。同時，我的組織、調度、指揮等能力日見成熟穩定，且作戰經驗豐富，幾乎從未吃過敗仗，使大家對我的運籌帷幄深具信心。不過這些都只是外在的原因。

真正讓兄弟對我心服口服的原因，是在豫溪路口小弟斷手事件後，於艱難的處境下，我仍舊帶領兄弟不斷的出擊四海和成功新村，並以身作則，不灰心、不氣餒，最後積小勝為大勝，逐漸扭轉被動的局面。以至於民國四十七年後期至五〇年代前期的兄弟，包括啟禮在內（啟禮在那段時期較少出來，所以對我的支援也較少），都對我特別的尊重。啟禮不像我，他在竹聯裡一直有不少的敵人，有許多老兄弟不可能和他合作。所以這次由我出面，順利的促成此次竹聯的大團結。

重整的第二大重點，就是廣招新人與培養戰力。在刀劍冷兵器時代取勝的關鍵與優勢，是在於人的數量與素質。先前，我與啟禮一直都認為，兵在精而不在多。但由於精兵政策導致人員上的青黃不接、人才不濟與匱乏，幾乎使竹聯亡幫，一度造成竹聯很大的危機。所以在豫溪路口事件之後，我就認為精兵雖然重要，但數量可能更重要，一定要大量招進新血才能使竹聯繼續生存。例如，每次小重整，一開始聚在一起的總有幾十個人，不到百人，開個聚會也許來個五、六十人；可是到需要行動時，也許只剩二、三十人，甚至更少。這是因為當時大家是自由的，誰能參加什麼聚會或行動，完全憑個人的自由意志。

另外還有一些客觀因素的影響。比方說，有些兄弟不想混了，想以求學或就業為重；或因為去軍校或兵役問題必須離開；或隨著年齡的增長，把重心放在家庭上，比較少來中和鄉。像這樣自由的、散漫的形態，無法保證竹聯的數量以及延續性。

我在文山和血盟時期也是抱持精兵政策，但當我從現實的角度考慮這個問題後，決定採取廣招兄弟、以量取勝的策略。這個決策，對往後竹聯的發展產生巨大的影響。

在我出國留學回來後，啟禮把這個「廣招新血」的構想，再進一步發展。他與我商量，要成立更多的分支機構（堂口），也就是由戰鬥堂（詳見第一五〇頁）衍生出更多的堂口。

一開始我並不太贊成，因為我認為一旦老兄弟都不在了，這些堂口可能會演變成各自為政的局面，堂與堂之間甚至會走到互相發生衝突的地步。但經過我們不斷的研究與討論，最終以不讓人才匱乏，使竹聯能長期發展的前提下，我同意了往後竹聯的發展：**要培養各堂多元發展。使我們由一個竹聯，變成二十幾個、三十幾個竹聯，甚至到一百多個竹聯**。這樣的策略，奠定了竹聯往後在臺灣的長期發展與優勢。

南陰北險，合稱「陰險」

竹聯自建幫以來就大小派系林立，**這跟地緣與就讀學校有密切關聯**，因為誰跟誰走得近，就自然的聚在一起。啟禮就讀新店線上的南強中學，「草坪聯盟」就是以南強中學的同學為基礎組成；周榕與林國棟常在一起，也形成自己的系統；吳沅新、陳功、林建發、阮盛源等人就讀基隆水產學校，形成基隆竹聯（基竹）。

而林建發帶領的劉祖德、楊希寧、野雞、李幹、楊寶麟、童強、王華五、肉丸、馬面、驢子等民國五十二年入幫的兄弟，後來成為竹聯的中堅力量，在四幫混戰時期，不斷進擊四海陣營，立下戰功。但他們因為歐帝威事件與啟禮發生衝突，經過我出面強力調解，才避免一場老兄弟之間的手足相殘悲劇；而由吳系衍生的黃大曛、林系衍生的金麟振、陳琳等兄弟也各自一系。所以竹聯早期內部就有眾多的大小派系。合久必分，「多元建堂」、「無限發展」也是竹聯必須面對的趨勢。

在民國六〇年代初期，老兄弟趙爾文就默默的開始招集兄弟，從林森北路的幾個人發展，由於持續的勤奮努力，到啟禮過世前後，規模人員已非常可觀，自成一個大的派系，為竹聯的發展也做出了貢獻。

民國四十七年至五〇年代中期以前，我的角色主要是擬定作戰計畫，且大都是親自衝鋒陷陣、帶領兄弟作戰；到了民國五〇年代中期，四幫混戰結束後，我的角色逐漸轉變為**幕後的策劃與主持**。就如當時外面的人說的：**啟禮為明，我為暗**。早在淡水忠義廟結盟時，江湖上即稱我們為「南陰北險」，我為「南陰」，啟禮為「北險」，合稱為「陰險」。但現在還記得此事的人太少了。

因為我來自軍人家庭，較早接觸到西方軍事書籍與中國傳統兵書，而我透過簡單的軍事知識與個人長年的戰鬥，體會到能打能殺，只能對付幾個人，無法抵擋更多人。一個人的戰鬥能力再強，也敵不過有組織、有策略的團體。但如果能透過有效的策略、調度、組織與指揮，促使每位成員發揮他們最大的個人能力，展現團隊合作的精神，就可以建立更大的成果、成就更大的事業。這就是所謂的「將不在勇，而在於謀」的道理。

「大鍋飯」時期

這次的重整，是當時竹聯幫在人員上最大規模的一次，包括民國四〇年代的老兄弟至五〇年代初期、中期與後期的兄弟，這也是一次精神上的大團結。民國五〇年代中期以前的兄弟，主要是給予精神上的支持。雖然重整主要是訓練民國五〇年代中期以後進來的兄弟，但也有不少老兄弟參與，如陳功、肥婆、童強、王華五、馬面等，都身先士卒加入。訓練的基地就是我家新生北路三段五十七號的孤兒院（中興婦孺教養院）。

孤兒院不單提供兄弟訓練的場所，也提供少數兄弟住宿的地方。它也是當時竹聯唯一的基地，是一個提供訓練、少數人住宿和部分後勤補給的基地。如果沒有這個基地，則人員的集中、訓練均無法達成。這就是為什麼我在本書一開始就介紹我的家族，因為我的家人對臺灣學生幫派的發展，也有莫大的影響及關係。

這次的訓練在民國五十七至五十九年間，我退伍後至出國留學前，是竹聯兄弟所說的「大鍋飯」時期。兄弟來孤兒院訓練以及出動作戰的時候，孤兒院開飯，兄弟也開飯。

其實大鍋飯這個形態早在民國四〇年代末期就開始了。最早期的大鍋飯兄弟有文山的樂鳳岐、李國琪、裘楚興、張鵬、涂世欽、陳壘、戰將李松林、吳自清、小熊、徐力行等人。接著有血盟的劉北平、徐印衡、劉西平、董愛群、黑豹、劉秀雄、何汝洲、小青、張彤雲，還有四維的陳永和等人。

▲ 我的母親（後排左一）與院童合攝於孤兒院一隅。

在這次民國五〇年代末期，吃大鍋飯的有陳啟禮、吳沅新、陳功、黃舜、肥婆、馬面、陳琳、毛弟、小丁、康康、潘醒民、金麟振、楊寶麟、白馬、黃鳥、康寧、劉光復、小劉、童強、黑鳥、周令剛、吳功、郎中、吳敦、鐵蛇、羅士奇、胡台富、張勵生（小勵）、張如虹等，四維的陳永和那時也常進出新生北路。當然，實際人數遠超過這些我能記住的人。當年吃過大鍋飯的兄弟，大都是往後臺北江湖上的佼佼者，或社會上功成名就的人物。

為何我的父母會讓這麼多兄弟聚集在我家？話說當年父母對於我在外打鬥確實很擔心，也不可能贊同。但後來我越打越大，兄弟也越來越多。加上我從小就喜歡帶兄弟來我家聊天聚會，父母在與我的兄弟長期相處下，知道他們都不是壞孩子。於是父母也就慢慢接受這樣的狀況與事實，並且把我的兄弟當作自己的兒女看待。兄弟來我家聚會吃飯，父母也習以為常了，而我與兄弟對我父母充滿感激，啟禮還曾還多次稱我母親為「竹聯之母」。

我還記得，竹聯兄弟一起在孤兒院空地練劍時，當時才三歲的弟弟娃子，常在一旁看著我們。一開始，他還不知道我們在做什麼。但過了一段時間後，他不但知道我們在做什麼，還提著一把玩具武士刀在孤兒院裡跟著我們亂晃，逗得兄弟很開心。有一次啟禮抱起娃子，說：「娃子，你生下來就是竹聯的兄弟了！」現在想想，啟禮說得沒錯，能在民國五〇年代，就以三歲之齡與竹聯兄弟一起「帶刀訓練」，這樣的老資歷，恐怕只有我老弟娃子一人。

在此次大鍋飯時期，最主要的訓練項目就是擊劍訓練。我們採用的是木劍，因為木劍在當時很普遍。同時木劍還有一個好處，除了可以拿來練習，還可以拿出來戰鬥，可說是打人與自用兩相宜。當時主要教的劍術分成揮刀與撥刀。揮刀就是各種角度的砍劈訓練，重點是控制力道與落點。

也就是說，揮刀時如果用力過猛，一旦揮空，會造成刀子離開自己的防護區，以致露出上半身的弱點，這時就會讓敵人有機可趁；撥刀就是當敵人一刀劈過來時，我方要有效的把對方的刀擊開。當對方的刀被擊開後，自然會露出右手臂或其他地方的破綻。當對方一露出手臂破綻，我方能進而一刀砍向對方手臂，使對方立即失去戰鬥力。先撥擊再砍，這是一氣呵成的動作。後來聽吳功、周令剛、郎中幾位兄弟說，光是這兩招，就夠他們一輩子用了。

在這次的訓練中，我再次向大家重申：身為武者，一定要遵守「武德」。換句話說，對付沒有深仇大恨的對手，絕不可痛下殺手或使人殘廢，這是做人最基本的紀律與道德。

對於後勤補給，也就是「錢」，是我們最弱的部分。當年兄弟年紀輕，只會打架，我也不懂得賺錢，連要出去堵人的車費都很少。怎麼辦？幾個兄弟想來想去，想不出好方法。

▲ 三歲的弟弟娃子，拿著玩具武士刀在孤兒院裡跟著兄弟亂晃。

於是我只好讓吳功、童強、毛弟、郎中、周令剛、吳敦、黃鳥、黑鳥等人，偷偷的把孤兒院的米跟麵粉抬出去賣掉，換一點錢作為車費。現在想想，這種情形是現在的兄弟無法想像的。當然，這些錢不光是車費，兄弟的運動量大，我也常幫兄弟加點菜，補充營養。有次我帶了一鍋滷蛋給黃鳥等人吃。等我離開他們的住處後，黃鳥對其他兄弟說：「以茂川大哥在幫內的地位，不但教我們戰鬥，而且還願意親自送這鍋吃的給新進的兄弟，換作任何人是做不到的。」

天下第一堂——戰鬥堂

趁此次重整，我把一些兄弟入幫的先後做了區分。民國五〇年代中期毛弟任掌法時期之前，有民國四〇年代的老兄弟，如陳啟禮、吳沅新、葉景明、陳功、周金海、黃舜、野牛、林建發、童強、王華五、馬面。接下來是毛弟、楊寶麟、童偉等兄弟，以及由楊寶麟帶進來的吳功、郎中、周令剛。接著進來的是南強中學的吳敦，和後來的胡台富（後來啟禮指定為竹聯幫頭領的接替者）。在我出國留學前，最後進來的應該是張勵生和張如虹。

後來我出國留學期間，張如虹在參與刺殺陳仁的事件中與啟禮共同移送外島管訓。張如虹是一位非常熱情的青年，是我非常器重的兄弟，而現在維基百科上竟然說他是冷血殺手，可見現在網路資訊的可信度實在可議。

當時為了作戰調度與區分的方便，我把掌法毛弟之下，現役的作戰兄弟組合成一個單位，**命名為「戰鬥堂」**，以毛弟與主持作戰的老么吳功為首。**這就是竹聯的第一個堂，也是竹聯說的「天下第一堂」**。

戰鬥堂人員主要是由民國五〇年代後期加入的兄弟構成，人數大概是六十幾人。在民國六〇年代以後產生的各堂口，都是從戰鬥堂的概念衍生而來。在作戰及指揮方面，由我和啟禮密切合作，共同擬訂作戰計畫，指揮戰鬥堂的所有作戰。執行上，則是由啟禮和一些老兄弟帶領戰鬥堂執行。透過我們的合作以及所有兄弟的不懈努力，才能創下許多的戰功，以少勝多、以寡擊眾，揚名臺北。

從民國四〇年代後期的豫溪路口事件開始，**竹聯的人事多是由我主導**。民國四十九年，我任命掌法周金海（接老兄弟王國康的掌法之位），接著任命林建發。後來啟禮任命掌法宋華慶。然後我在民國五〇年代中期任命了掌法毛弟。毛弟在香港西餐廳與牛埔決戰前就去服兵役，於是我任命周令剛為掌法，吳功為老么。同時啟禮向我建議增加童強為掌法，我也欣然同意。這就是「雙掌法」、「一老么」的制度。

由毛弟之下兄弟組成的戰鬥堂，基本上還是由一批老兄弟帶領，如陳功、肥婆、童強、王華五、馬面、驢子等兄弟。這樣的制度，一直維持到後來組織發展出各堂口後才有變化。

毛弟擔任掌法時，不知為何與啟禮不合，兩人不太說話，也有些小摩擦，我為此感到煩惱。當時啟禮因有女友，所以常住外面，而毛弟正巧也要在孤兒院附近租房住。於是我就安排他們同住在一間公寓，讓他們朝夕相處。

果然，住在一起總是要說到話，說到話就會增進彼此的了解。大家都是兄弟，互相了解後，還有什麼結是解不開的？經過這次「同居」，毛弟和啟禮果然成為無話不談的好兄弟。

至於我先前提到的總掌法，最早是指草坪聯盟的總掌法，後來成為竹聯當時最高的職位。啟禮與張如虹在民國五十九年因刺殺陳仁案，不幸被移送外島。於是，在啟禮無法管事的情況下，我在民國六十一年左右留學回國後，任命當時竹聯裡戰功最卓著的陳功為總掌法（職位比掌法高）。陳功不但戰功卓著，管理兄弟更是嚴謹，是位不可多得的領導人才。自從啟禮因陳仁案出事後，竹聯的戰力與場面就大都由基竹的吳系兄弟與林建發統領的兄弟，維持與支撐。

在民國五十六年大重整之前，我跟啟禮並沒有管什麼事，所以竹聯那時候的力量較為分散，無法發揮聚沙成塔的功能。當時連橋頭另一端的角頭「螢橋」都敢過河來中和鄉囂張，在中和鄉晃來晃去，真是令人難以置信。

不過，民國五〇年代末期在眾多兄弟的加入與大鍋飯時期的重整，再加上陳功、肥婆、楊寶麟的帶領，戰鬥堂兄弟逐漸變得戰鬥力大增，以致戰無不勝。後來我們對螢橋的作戰，也就算是一種練兵，讓螢橋受到很大的打擊。之後吳功說，我們幾乎把他們消滅殆盡了。怪不得啟禮曾對我說過，就算是個「凱子」進了竹聯，只要經過我的調教，都能成為一名戰將。

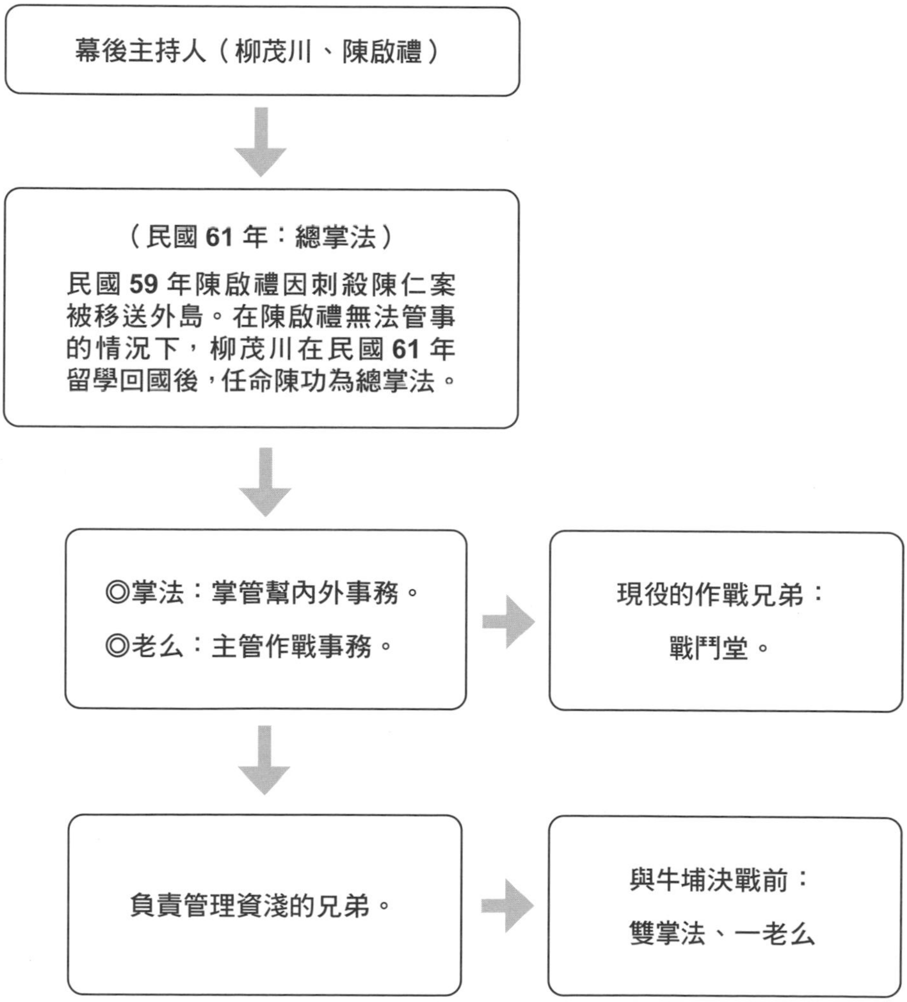
幕後主持人（柳茂川、陳啟禮）
（民國 61 年：總掌法）
民國 59 年陳啟禮因刺殺陳仁案被移送外島。在陳啟禮無法管事的情況下，柳茂川在民國 61 年留學回國後，任命陳功為總掌法。
◎掌法：掌管幫內外事務。
◎老么：主管作戰事務。
現役的作戰兄弟：
戰鬥堂。
負責管理資淺的兄弟。
與牛埔決戰前：
雙掌法、一老么

▲ 竹聯第二次大重整後的組織制度

06 讓竹聯闖出名號的「對牛埔幫之戰」

啟禮從淡江文理學院畢業，服完兵役後回到臺北。這位埋頭苦幹的年輕人，在永和與有繪畫天分的斷手小弟陳思景成立一家廣告公司，這也是啟禮生平第一次進入社會求生存，他成家得早，有家庭負擔。

而我這時仍在新竹坪埔服預備軍官役，當時竹聯雖已舉行第二次大重整，但百廢待舉，我沒有回來前，很多事還是推動不了，各個老中少兄弟及大小力量都未整合起來與開始分組集訓，中堅力量的基竹幾個派系表面上團結，但他們只願接受我的號令，所以啟禮等我回來的再起時機。

正在此時，老兄弟王國康對啟禮伸出援手。王國康那時帶了一批兄弟以金山大廈的牌九坊（牌九賭場）為基地，聚集了不少的人貨（人員及武士刀），他得知啟禮的處境後，就找啟禮到他的場子（牌九賭場）來圍事和插旗（維護賭場的安全）。啟禮因此有了一份較好的收入，這也是像白紙一樣單純的他，接觸酒色財氣大千世界的開始。

香港西餐廳練兵

後來啟禮被商人陸豪看中，到他的企業做事，他又在民權東路與中山北路交叉口開了香港西餐廳。啟禮轉任香港西餐廳的經理負責圍事，王國康仍支持他，一有狀況就帶著兄弟在民權東路邊等待拚鬥。一直到我退伍回來後，新生北路三段孤兒院基地離香港西餐廳咫尺之間，集訓的老中少兄弟可以隨時支援，國康這才放心停手。

啟禮任職香港西餐廳近半年，我也自軍中退伍，就常與兄弟去那裡坐坐。某日，啟禮碰到牛埔的兄弟來餐廳收保護費。聽說當時只來了兩個人，他們不但沒收到一毛錢，還被啟禮用一張椅子當場打跑。

這件事一發生，童強馬上支援。啟禮跟我提起此事後，我就立即跟某位基竹老兄弟說：「啟禮現在的狀況，我們一定要全力支援他。」而那位基竹老兄弟聽了之後也同意了。於是我與那位基竹老兄弟一起去香港西餐廳找啟禮，並觀察一下環境。從香港西餐廳事件開始，形成由我為首，和那位基竹老兄弟與啟禮的三人合作關係。但基竹吳系兄弟聲明，仍不與啟禮合作，只接受我的調度與指揮。

三人見面後我跟啟禮說：「我們在人家地盤上做生意，一旦有摩擦，往後可能會有衝突，我們要從現在開始做準備。」啟禮也同意了我的看法。畢竟當時大鍋飯的訓練已進行了一段時間，出現了「練兵」的機會。

「牛埔」其實是一個泛稱，他們是由幾個角頭結合而成，並有數個聚口，例如金山戲院的「金山口」、統一飯店的「統一口」、（臺鐵）雙連車站的「鐵路支」等。他們**沒有統一的老大，像這種由數個角頭結合之下的優勢是人多勢眾，但劣勢則是很難聯合作戰**，因為力量分散且無統一的指揮者。

他們的地盤主要在中山區中山北路、錦州街、民生東路、民生西路靠近雙連車站附近一帶。當時臺北很多特種營業的聲色場所都正好聚集在中山區，所以當時的中山分局是「天下第一分局」。大家送紅包、擠破頭，也要謀個中山分局長來做，因為油水很多。而牛埔在當地當然也不會放過這些好處。

當時幾個有名的牛埔大哥跟我都是很要好的兄弟，如葉明財、葉明壽、螺雷、Taro，還有其他一些兄弟。

雖然竹聯有意要透過與對方溝通解決這次的摩擦，但因牛埔沒有統一的老大，彼此都不願意出來替別人為此事出頭，所以無法用溝通解決此事。同時我方也想趁此機會練兵，尤其是在別人的地盤，武力懸殊的情況下，如果可以戰勝的話，這對兄弟的歷練與氣勢有很大的幫助，所以我方就順水推舟的讓事件發展下去。

我跟啟禮商議與初步規畫後，心想牛埔不會善罷干休，於是除了由童強、童偉率先進入香港西餐廳支援外，還有民國五〇年代中、後期的兄弟，如掌法毛弟、老么吳功、胡執中、周令剛、吳敦等兄弟在新生北路備戰。同時也請基竹的陳功、肥婆、馬面等人，隨時準備到新生北路出戰。

這次的備戰做得特別小心，因對方是存在已有一段歷史的本省角頭，無論人數、裝備以及對外關係，我方都無法比擬。當時，我方只能依靠組織能力、戰術、團結力作為作戰籌碼。除了加強兄弟在孤兒院的訓練之外，我們同時向牛埔的金山口出擊藉以試探。當晚，竹聯的人馬在金山戲院門口一下車，舉著刀衝過去的時候，對方立即撤退，不正面接戰。在沒有結果的情況下，又過了幾天，我們去對方的統一口。

到統一飯店大門的左邊時，對方一看到我們來勢洶洶，也馬上撤退。我從兩次攻擊對方都沒應戰的情況下推測，對方已被激怒並在準備回擊。而我們也組織一批英勇善戰的新生代，在餐廳的二、三樓「恭候大駕」。

果然，之後沒過幾天，牛埔一支十幾人的隊伍想闖入香港西餐廳，並從大門右側靠近。等候多時的啟禮，親自拿了一把長刀，帶領大家攻向牛埔。對方一看啟禮與兄弟有完善的準備，且一路逼進，就從大門右側沿原路向中山北路方向撤退，並未正面交戰。這情形是啟禮當晚下班後，到新生北路跟我講的，我記得很清楚。

牛埔的歷史悠久，可說是自日據時代以來，臺灣北部最大的角頭幫派，人員的素質與戰鬥力都是一流，在總體實力上，竹聯與牛埔有一段差距。因此，我一開始就十分謹慎的面對這個強大的對手。

突擊鐵路支，開出竹聯的第一槍

經過了這幾次的進攻與防守，竹聯對牛埔的戰術與戰力有了初步的認識。而且也知道，對方一定會再來挑釁。我與啟禮認為我方必須在對方再度挑釁之前，先給對方一個重擊，好好的打壓牛埔的士氣。

因為先前牛埔在統一口和金山口都沒出來迎敵，我們無法取得戰果，於是我選擇了一定堵得到人的地方，作為重擊目標——對方在雙連車站的鐵路支聚口。鐵路支也是一個極難進攻的據點，它位於錦西街與民生西路（靠近圓環）兩街之間。

我與啟禮商討攻打此據點時，他即表示十分贊同。因為啟禮了解，從民國四十七年至民國五〇年代中期，這近十年期間我親自領軍文山、竹聯、血盟的大小戰鬥不下幾十次，次次戰勝無一敗役。他認為我在戰術、經驗、組織與指揮上，已是趨於完美。所以就算鐵路支是極難進攻的據點，他還是信心十足。

不過啟禮也強調，牛埔在雙連車站的鐵路支聚口，聽說從日據時代到現在已有五十年沒人敢進去挑戰過。我說：「這點我知道。我上下學必須經過雙連車站鐵路支，所以我很熟悉那裡的地形。」

那裡的確不是一般幫派敢去的地方。這個聚口既是武館也是土地公廟，在廟左邊的牆上擺了武器架，上面插滿了各式各樣的長兵如掃刀、強損等，只要誰敢進犯，他們可隨時拿起長兵應戰，竹聯就算拿著武士刀衝進去，也無法占優勢。但竹聯既然選擇攻擊鐵路支，那就要有周全的作戰計畫，以痛擊牛埔鐵路支這根難拔的釘子。

我的計畫就是在夜間突襲，牛埔不知道我們要去，防備鬆散。但為了萬全起見，我特別把我父親的散彈槍（獵槍）交給老么吳功，作為緊要關頭之用，**這也是竹聯第一次以熱兵器搭配冷兵器的協同作戰**，隨後吳功也開出了竹聯歷史上的第一槍。

當時肥婆在部隊裡沒放假，所以原本是計畫由陳功領軍出擊這次重要的一仗。但啟禮跟我說，這一仗太重要了，他想自己帶領，這樣才比較放心。而我雖然也認為此仗重要，但並沒重要到需要啟禮親自領軍犯險。可是在他的堅持下，我勉強同意由他領軍，做出這次關鍵性的突擊。

接下來的計畫是：人員分成兩隊，由啟禮帶領一隊從民生東路進入，楊寶麟帶領另一隊從錦州街下車。兩隊人馬的計程車必須等在原地，不可離開。兩隊下車後離目標差不多距離，一起前進的話，可以同時到達目的地。只不過當我方悄悄進逼時須背貼著牆壁前進，以防止自己的影子照映在地上被對方發現。等全員移動至攻擊位置後，就由啟禮發號施令，讓兄弟們衝殺過去。

我相信衝擊加上速度的結合，會使對方措手不及、無法全力應戰。同時我安排老么吳功持散彈槍待命，一旦發現對方要搶取長兵與我方對抗，或有任何意料之外的情況時，吳功就立即開槍威嚇對方，但以不槍擊人為主——除非必要。

說到用槍，在民國四〇至五〇年代江湖上的兄弟，最倚賴的就是冷兵器的長短刀。那個時代的兄弟都是靠拚殺出來的，所以往往有英雄的出現。如果沒有智慧與勇氣，根本別談想做什麼英雄。而現在，根本找不到英雄，因為只要被別人以槍械攻擊，本領再大的英雄也玩完了。而用槍械攻擊的人，自己也完了。所以在熱兵器時代，是沒有老大與英雄的時代。

我就是靠短刀長兵拚殺出來的，所以對冷兵器時代的感情當然是難以割捨的。但時代在前進，再怎麼倚重冷兵器，也要懂得變通。尤其是在我方人員物力均處於劣勢的情況下，我不得不把父親的壓箱寶連發散彈槍拿出來。

使用熱兵器搭配冷兵器，掩護人員與武器的不足，以保證兄弟的安全和必勝的戰果。這確實是竹聯的里程碑，因為這是**竹聯第一次在戰鬥中使用槍械，也可能是臺北第一個採取冷熱兵器搭配的幫派**。

我事前與啟禮討論作戰的重點後，接著就是檢查裝備，以及安排人員與武器的分配。一切就緒後，作戰當天晚上八點左右，所有參與的兄弟：啟禮、楊寶麟、吳功、周令剛、童強、郎中、吳敦、王華五等八員大將，聚集在我家一樓的臥室內，聽取我對作戰前最後的重點指示與分發我們僅有的長兵。因我們沒有幾把正統的武士刀，我只好將一把不是很鋒利又很沉重的土製武士刀，交給身強力壯的楊寶麟。

我後來得知，楊寶麟當時還有點氣我給他一把鈍刀。事後我向他解釋，此刀只有像他體格強壯的人才揮得動，刀雖不鋒利但照樣可重傷敵人。而且他主要的任務是帶隊指揮，不是砍人，刀的鋒利與否並非重點。楊寶麟為人老實厚道，聽我這麼一說，他也就釋懷了。

出發前，大家手錶一起對時，還特別叫吳功練了幾下散彈槍的退膛與上膛，然後我送他們到大門。在大門口我與啟禮握手並祝兄弟平安凱旋歸來。接著，我就目送兄弟們踏上征途。這對每一位兄弟來說是重大的挑戰，一處五十年來都無人敢攻擊的地方——牛埔鐵路支，我們下定決心突襲了！

接著，兩隊兄弟依照原定計畫，啟禮帶的一隊到民生東路鐵路平交道旁邊，楊寶麟帶的另一隊到錦州街的平交道口，大家下了車，叫計程車在那裡等並預付一百元車費。吳功從巷口往裡面望去，看到武館的內外聚了二十人左右，抽菸的抽菸、聊天的聊天，並無防範。

於是兄弟們背貼著牆，一步步走向武館。到了差不多的攻擊距離，啟禮一聲：「殺！」兄弟就殺聲隆隆的衝鋒突進，對方頓時一陣錯愕。在驚慌下，有些人拿了武器架上的掃刀、強摃想要與我們對抗，但吳功見狀馬上往牆上開了竹聯的第一槍。

對方一見我們有槍，只好不顧一切的轉身就跑，郎中馬上衝向前去將兩人的背部砍成重傷，其他兄弟也追砍對方，砍傷了對方數人。由於對方立即潰散，我們追砍一陣子後，啟禮就下令：「撤！」這次的突襲就結束了。大家仍舊分成兩邊，從民生東路與錦州街搭計程車撤退。

我在門口看見大家毫髮無傷的凱旋而歸，心裡總算放下一塊大石頭。畢竟這是頭一回攻擊鐵路支，一個五十年來沒人敢進犯的地方。雖然有熱兵器的搭配，但還是令人十分擔心。

兄弟回到我的臥室後，一邊整理武器一邊告訴我經過的情形，聽得我既高興又為大家感到驕傲。後來聽說對方有多人受傷且縫了許多針。於是我告訴啟禮，這回牛埔吃了大虧，一定會發動回擊，我們要趕緊準備應戰，我預計他們在幾天後就會發動攻擊。

雖然牛埔與各地角頭的關係非常好，但要調貨、調人的話，至少需要三天的時間。然而對我們來說，三、四天的準備時間非常緊迫，因為我方的人員、物力均無法與牛埔這個本省大角頭相比。這是考驗竹聯組織、調度與指揮能力的一場決戰。

在動筆寫這本書之前，我與吳功、舍弟娃子在西門町一家茶餐廳裡邊吃邊聊。談起對牛埔雙連鐵路支的突擊戰，吳功的記憶力好，他還記得我當年指示的戰鬥細節，如進入雙連站的鐵道區後，要背貼牆壁潛行來接近目標，以免身影會曝露行蹤，引起敵方的警覺而失去突襲的效果。

在竹聯第二次大重整後的多次戰鬥，老么吳功均有較佳表現，他總是冷靜勇敢，有老一批兄弟的戰將之風。香港西餐廳決戰夜，我也把唯一的連發散彈槍交給他，以火力掩護與保障所有出擊金華酒店門口的竹聯老少兄弟。我把攸關性命成敗的出擊關鍵交給吳功，之後竹聯的崛起，他也有一份功勞與苦勞。

我知道牛埔如果真要攻擊竹聯的話，隨時可動員幾百人，而竹聯戰鬥堂的當值兄弟卻只有六十幾個人。雖然竹聯可再動員其他的兄弟，但相較起來在人數上仍處於劣勢。牛埔有可觀的人員和物力，竹聯無法相提並論。

果然不出所料，牛埔開始全面性的準備人員和物力，且被本省的角頭大橋頭與十五水門的阿龍、阿斗和阿勇幾位發現（都是我早期最親近的兄弟），並馬上通知我和啟禮。

香港西餐廳決戰夜

在這消息傳來之前，我已經叫鮑家寶向十五水門調貨。同時我也親自向淡水的蔡慶暉要了兩把武士刀。而慶暉帶領的的北投兄弟，加上鮑家寶、袁世寬，還有李傑帶領的一批極有戰鬥經驗的兄弟，以及跟隨我的忠義盟與其他幫派的兄弟，均作為竹聯後續作戰的預備隊。

吳沅新帶領的兄弟，能立即作為這次戰鬥的後備軍主力，他們都是具有作戰經驗且對敵兇悍的人馬，實力不亞於我與啟禮重整的兄弟。且他們當時的據點就在林森北路與錦州街的交岔口，可隨時出兵支援香港西餐廳。

吳沅新雖然不願與啟禮合作，但基於我和他的交情，他麾下的兄弟都樂於聽從我的指揮與調度。面對敵我人員物力懸殊的情況，大家反而有些興奮，我則是鎮定的依照計畫執行，因為這是竹聯目前最重要的考驗，也是最關鍵的一戰，我必須全神貫注。

自從鐵路支一戰後，我方兄弟每天從下午開始，就在香港西餐廳的頂樓觀察路上的動靜，若發現街上有任何異狀就馬上通報，我方可立即應對、動員。果然，觀察了近一星期，一日下午，頂樓的兄弟發現西餐廳的對面與附近的巷子開始集結一隊隊的人馬，大約有兩、三百人，並帶著武士刀、竹製強損等武器，不斷向西餐廳的方向指指點點。斜對面的金華酒店附近也集結了一批人馬。

啟禮告知我這個狀況後，我立即下令戰鬥堂的兄弟加快腳步進入香港西餐廳待命，同時也通知基竹各系與吳系預備軍進入備戰狀態。到了大概晚間七點以後，陳功、肥婆、陳琳、黃雲龍（小鬼）、吳功、童強、周令剛、蕭正明、黃鳥、吳敦、郎中、王華五、胡亞雄（黑鳥）、涂世欽（文山）等兄弟均已陸續到達，不過算一算總共才二十幾個人。我則坐鎮在新生北路孤兒院基地以調度、指揮各方。

原定作戰計畫是：我對作戰軍與後備軍做總體的調度與指揮，把作戰軍配置在內線防守香港西餐廳，吳系與基竹各系預備軍則配置在外線隨時協助作戰，內外配合。預備軍可隨時支援作戰軍的防守與突擊，使香港西餐廳內的作戰軍，不會成為一支孤軍。這樣內外的戰術配置，是我與啟禮商議後做出的決定。

啟禮則是在香港西餐廳現場指揮，我們當時是以電話密切聯絡；而家寶則奔走於我與吳系後備軍之間進行聯繫；黃舜與陳琳則遊走香港西餐廳內外，向我通報外面的情況。當時還有一些與竹聯關係很好的本省掛兄弟，像東門的馬鴻永、馬紹和與十五門的兄弟也在餐廳內外觀戰。

香港西餐廳位於一棟三層樓建築物的二樓，可以說是一個易守難攻的地方。餐廳的一樓後門很窄，而且一進門就是往上的樓梯，牛埔很難攻進。不過竹聯兄弟還是把後門鎖好，並派了幾個人拿著強揁，站在樓梯上層居高臨下的防守著，萬一有人衝進來，就對其捅刺。而前門雖然較寬大，樓梯也較寬大，但對方要衝進來的話也不容易。我們還請廚房準備好幾袋石灰粉和好幾鍋滾燙的油，只要有敵方的人敢攻上來，就讓他們嘗嘗石灰粉跟沸油的滋味。

因地勢之宜再加上對方人多勢眾，所以我們仍按照原訂作戰計畫，先據守餐廳，再視情況伺機突擊牛埔。快要接近午夜時，我得到一個關鍵的情報。當時兄弟黃舜正好在中山北路與民權西路交叉口的西南角，也就是香港西餐廳的斜對面一家七七西餐廳裡面往外觀察。他發現牛埔的其中一位老大與幾位重要人物，就**在西餐廳隔壁的金華酒店大門前發號施令**。也就是說，**對方的指揮點就在那裡，他們的重要人物也在那裡**。黃舜與香港西餐廳通完電話後，立即回到香港西餐廳待命參加戰鬥。

我一聽啟禮通報此消息後，心想開戰時機點來了，於是立刻告訴啟禮：「不要等了，立刻派陳功與肥婆帶隊外出突擊對方指揮點！」「外出突擊？」啟禮問：「如果不成功的話，可能導致大敗！」我說：「不要猶豫！快！如果他們的人海戰術奏效的話，我們可能會先被他們壓制住！快！立即衝向他們的指揮部！」

多虧我與啟禮多年建立的默契與信任，讓他毫不猶豫的變更防守作戰，下達外出突擊的指令。突擊的方法是搭兩部計程車，第一部車先開往民權西路的方向。等第一部車開過對方總部，要準備回轉直奔敵方指揮部右邊的時候（民權西路的慢車道），第二部車再直奔敵方指揮部的左邊（中山北路的慢車道）。

兩部車同時左右夾擊，直攻對方主將，這時更要以冷熱兵器搭配，以散彈槍待命，確保出擊的勝利與人員的安全。原本安排吳功保管我父親的散彈槍，但後來不知為何，吳功將連發散彈槍交給周令剛，要令剛在必要時開槍以威嚇對方。當時計畫，如果攻擊敵方指揮部順利的話，可繼續衝殺對方在香港西餐廳對面的主力部隊。如果太吃力的話，就趕緊撤回餐廳，我們視情況再派第二波人馬突擊。

部署完畢，陳功與肥婆帶著吳功、周令剛、童強、蕭正明、涂世欽、吳敦等全部八員戰將，帶著武士刀、拿著散彈槍，招了兩部計程車，照著計畫到牛埔的指揮部。陳功衝下車時，正好看見牛埔老大正在比手畫腳的指揮著七、八個人，兄弟就在一聲喊殺聲中從左右殺過去，陳功對著敵方老大的手臂一刀砍去。

此時，敵方處在被我方突然衝殺而潰散、群龍無首的情況下，頓時陣腳大亂。據肥婆後來說明，當時敵方的人馬見竹聯氣勢逼人，才交鋒沒兩下，就立刻棄械敗退，而來不及退走的人就被我們砍傷。兄弟臨走前還撿了幾把好的武士刀。

以寡擊眾奠定竹聯臺北稱雄地位

見到戰況大利，八員虎將並沒有馬上回來。他們隨即衝過中山北路，到香港西餐廳對面的巷口繼續砍殺牛埔的主力部隊。誰知到巷口往內一望，他們都愣住了。對方至少有一百多人集結在那裡，而我方僅有八員戰將。

兄弟認為自己是訓練有素的竹聯好漢，就豁出去了。吳功一聲：「開槍！」令剛馬上朝對方竹竿強損最密集的方向開了第一槍，這也是竹聯的第二槍。頓時槍聲震耳，火花四濺。雖然敵兵離我方還有一點距離，但一見我方開槍射擊，就立即如潮水般的向後退，我方就趁機追殺。雖然對方還是有一些人馬奮勇的想應戰，但兄弟在孤兒院練習的「撥擊」技法完全用上。所以無論對方是用武士刀或竹強損，我方均能熟練的應對，完全不是我方的對手。在趁勢追殺中，蕭正明甚至追砍逃入民家的敗兵，揪出兩人加以砍劈。

接下來的場景，就是刀刃互擊聲，夾雜著對方被砍傷的哀號聲，再加上我方的喊殺聲，就像在古代戰場一樣。因對方人數實在太多，令剛本來要再開第二槍。但他也許操作不熟，散彈槍竟然卡彈。還好令剛開了第一槍後對方就被擊退，對方並沒有發現我方卡彈。在一陣砍殺後，等對方逃散得差不多了，竹聯兄弟也就陸續分批回到香港西餐廳內。

大夥兒回到餐廳後，啟禮透過電話告訴我，肥婆許久未歸。而且他們看到對面馬路的人行道上躺了一個人，樣子很像肥婆，這令大家都很擔心，正要派第二批人馬支援時，肥婆竟然毫髮無傷的回來了。他不但安全的返回西餐廳，還撿了兩把對方丟棄在地上的武士刀。

經過這次的突擊，重創牛埔的指揮部與主力部隊後，對方只好撤退。不過對方撤退前，他們心有不甘的派了幾個人衝到餐廳的大門口丟了兩枚土製炸彈，把餐廳的兩片玻璃門都炸碎了。在牛埔接近香港西餐廳大門時，三樓的兄弟本來要丟一籮筐磚頭下去，不過啟禮叫道：「別丟！會出人命的！」我知道後也很贊同啟禮的決定。

經過了整夜的折騰，天也快亮了。兄弟暫時守在餐廳未出去，因為警察已在路上抓人、採證了。香港西餐廳的老闆陸豪，是從警總（臺灣警備總司令部）退下來的，也許因為這樣，所以警察並沒有進餐廳搜查。等街上平靜以後，兄弟們又一次毫髮無傷的，整裝凱旋回到孤兒院的基地。

大家一夜未眠，回到孤兒院後，興奮說著凌晨的戰況。令剛還說，他終於意識到竹製強損的厲害。他說想不到先前幾次對牛埔的戰鬥中用的竹製強損，竟然被對方學走，而且他們的竹竿更長，讓我方更難接近他們，還好兄弟的撥擊技法練得很熟練，不然難以應付。周令剛開的是竹聯第二槍，這一槍有威嚇且擊退敵方的威力，使竹聯進而取得輝煌的戰果。冷、熱兵器搭配，以後可能會有人有樣學樣。這也就意味著，往後的臺灣江湖即將踏入槍械的熱兵器時代。不過我相信，我就是這個新時代的先驅者。

中山北路是當時兩蔣（蔣中正總統和蔣經國行政院長）進出的必經之路，經牛埔用土製炸彈這麼一炸，使得警總不得不把他們一干為首者全部逮捕。所以用炸彈是牛埔這次最大的敗筆，使他們失去了往後的戰鬥力。

我曾考慮過，如果牛埔要跟竹聯打長期的持久戰，竹聯比較吃力，因為在人力與物力上的條件差牛埔太多。但這次的大逮捕，反而讓他們失去繼續作戰的意志。

這次戰鬥竹聯無一人受傷、無一人被捕，創下了前無古人、後無來者的紀錄，以寡擊眾的在別人的地盤打了一場漂亮勝仗，並提升了竹聯的氣勢。這是所有兄弟一起努力創下的輝煌成績。

吳系後備軍雖未直接投入此次作戰，但他們枕戈待旦、隨時待命，因此使我大膽決定讓啟禮下令突襲金華酒店前的牛埔指揮部。

正如啟禮當時擔心的：如出戰不利，可能陷入苦戰，但有了後備軍可隨時投入作戰的情況下，讓我更有信心做出決定。也就是說，萬一戰況不利，吳系後備軍可立即支援、攻擊敵軍。所以他們雖然沒有現場參戰，但他們隨時參戰的精神，也盡了竹聯兄弟的義氣與本分。在竹聯取得輝煌勝利之餘，也不能忘記有他們的一份功勞。

竹聯對牛埔的一系列戰鬥，從防守、進攻、再防守、再進攻，在全體兄弟與我和啟禮的合作下，我們創造了近乎奇蹟般的勝利。於是香港西餐廳決戰夜後，各方即一傳十、十傳百的宣傳當夜戰況，無形的奠定了竹聯往後在臺北稱雄的地位。不過話說回來，當時竹聯有多少人？其實並不多。

烏來大聚會

其實在淡江時期，我就已經在準備出國留學。我曾聽一位法國神父說，西方文化始於歐洲，想了解西方，要先了解歐洲文化。因為我對文學、文史非常感興趣，所以我在淡江時就選修了西班牙文。機會是留給有準備的人，我在長期的準備下，順利考取教育部辦的「歐洲語文中心」西班牙文組。在完成大專畢業的規定後，以優異成績於「歐洲語文中心」結業，最後獲得了教育部的「留學生免試出國留學資格」。

在我出國之前，竹聯舉行了一次全幫的大聚會。我除了要跟大家做正式的道別之外，還需要總結一下自民國五十六年的再次大重整後的所有情況。同時，我想要表揚從最初各次的突擊，到對牛埔作戰、鐵路支作戰與香港西餐廳決戰夜，所有戰功卓著的兄弟，像陳功、林建發、楊寶麟、吳高雄、童強、周令剛、胡執中、蕭正明、吳敦、王華五等，還有其他不少有戰功的兄弟。

聚會的地點選在烏來山區的一間會館，原因是烏來比較偏僻。臺北當時的風聲較緊，一次這麼多人在臺北聚會，很容易被警方盯上。為了盡量的低調，大家就以遊客的姿態進去，這樣比較不會引起外人的注意。那晚八點聚會開始時，到場的已有八十多人。竹聯老、中、青三代所有主要的兄弟都到齊了。

此次的聚會是由我、啟禮和一位基竹老兄弟三人共同主持。我坐在主桌的中間，啟禮坐

▲ 我的馬德里大學文哲學院學生證（民國59年〔1970年〕2月入學）。

在我左邊，基竹老兄弟坐在我右邊，聚會中主要由我來主持。我告訴大家，經過民國五十六年的再次大重整後，我們的兩大目標：一、團結所有竹聯兄弟；二、培養竹聯新的戰鬥力，這兩大目標均不負眾望達成了。更讓我覺得欣慰的是，在大重整後，由我負責統領竹聯四年多的時間裡，**沒有任何人坐牢、沒有任何人受傷，當然，更沒有吃過一次敗仗**。這是兄弟共同努力的結果，非常不容易辦到。講到這裡，我看得出來，大家的內心也一樣高興。

我接著向大家說：「我要出國留學，繼續我的學業了，並且要把我的權力交給啟禮。也就是說，以後啟禮要全權負責竹聯的未來。各位兄弟，大家一定要全力的支持啟禮，讓竹聯繼續戰鬥下去！」這時候我看得出來，所有兄弟亢奮的心情已升到最高點，而此時我在竹聯的聲望也達到最高峰。

我當時在大會上一再強調，希望大家一定要全力的支持啟禮，是因為那時老兄弟吳沅新與黃舜，跟啟禮處得非常不愉快。我硬是居中協調，使他們不要發生衝突。

啟禮當時本來想「做掉」黃舜，但在和我商量時，我跟他說不能因為意見不合產生摩擦就做掉自己的兄弟。而且眾所周知黃舜是他帶出來的兄弟，對自己帶出來的兄弟下重手，將來肯定對啟禮的領導產生負面的影響。經我一再的堅持後，啟禮也就作罷了。

黃舜後來決定去加拿大，不過為了安全起見，黃舜在準備離開臺灣時，我親自到他家接他，陪他到松山機場，並看著他搭機安全的離開臺灣。接著我就和啟禮說：「這樣不是很好？」啟禮也就抿著嘴，對我點了點頭。

赴歐留學在即，父母不斷的叮囑我要一改先前年少輕狂的心態，這也不禁讓我想到許多長輩對我的期望。我的家族與國民黨有很深的淵源，當時黨內多位元老，包括浙東派元老，有意培養我在黨內發展政治之途，這原本也是我的興趣所在。於是我在淡江就讀期間擔任了黨部小組長與黨部委員，在黨內非常活躍。

在很早之前，我就向兩位浙東長輩周至柔伯父（父親的表哥）、郭驥伯父和ＣＣ派（按：中央俱樂部，過去國民黨主要派系）的長輩學習黨內各項事務。從擬稿、看稿開始，學到不少政治上的各種謀略。諸位長輩的教導與傳承，令我在爾後國民黨內的工作展開更為順利，並使我終生受益。

▲ 我與周至柔（圖左）合照。

命運轉折點，一偏差歷史就改寫

竹聯幫早期發生過三件可稱為「命運轉折點」的大事。第一件事是周榕、林國棟欲開除陳啟禮事件；第二件大事是豫溪路口小弟斷手事件。這兩件事的結果若稍有偏差，竹聯的歷史恐怕就會改寫。而第三件大事，是發生在我出國留學回國後發生的「歐帝威事件」，在第九章有詳細敘述。

雖然我每次主持竹聯的重整時，基竹的兄弟都願意團結合作並做出貢獻，但他們與啟禮的矛盾仍持續存在著。甚至到我出國留學回國後情況也依然沒有改變，而我一直竭力的在兩方之間調解。我曾請啟禮退兩步，他說他做到了；我請沅新也退兩步，他說他也做到了。可是後來還是不歡而散。

一生多災多難的啟禮，過去在四海突擊他就讀的強恕中學，準備將他重砍致殘前，被我及時帶開，而避過第一劫；我留學回國後，他對我說，警總已發下批文要將他第二次移送外島管訓。我聽聞後，立即向郭驥伯父（當時的國民黨中央常會主席）告知此事。

郭驥伯父即在中山堂辦公室召見警總總司令

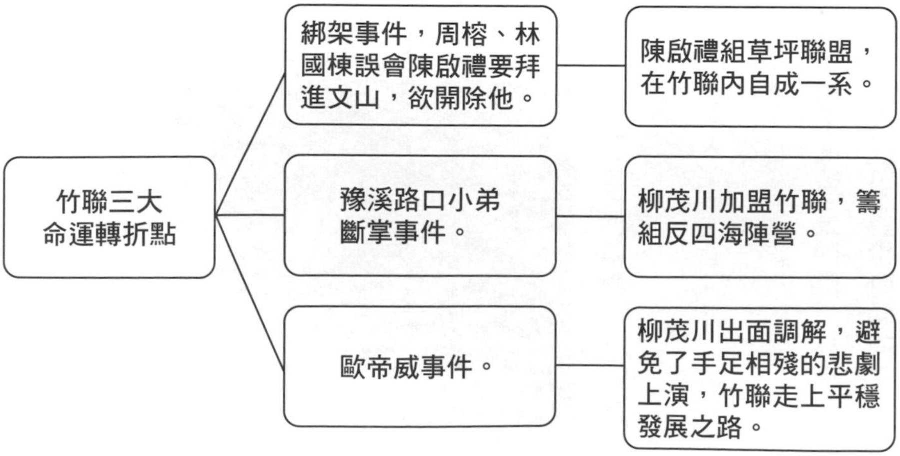
竹聯三大命運轉折點
綁架事件，周榕、林國棟誤會陳啟禮要拜進文山，欲開除他。
陳啟禮組草坪聯盟，在竹聯內自成一系。
豫溪路口小弟斷掌事件。
柳茂川加盟竹聯，籌組反四海陣營。
歐帝威事件。
柳茂川出面調解，避免了手足相殘的悲劇上演，竹聯走上平穩發展之路。

▲ 竹聯幫的三大命運轉折點。

尹俊上將。面談時郭對尹說：「茂川的同學陳啟禮是被冤枉而被送外島管訓，麻煩你去查查。」尹俊上將即下令警總及憲兵司令部重新調查該案。尹的下屬見總司令竟然會關注此案，當然就了解上級的意思去複查並撤銷該案。這是當時臺灣光復以來，警總在批送外島管訓後又撤銷的唯一案例。這是啟禮避過的第二次危機。

如果啟禮再移送外島管訓的話，就難以再回到臺北。尹俊上將向來以清廉公正著稱，歷來無人能向他關說請託。郭驥伯父雖位高權重，卻與尹俊上將有一層關係，那就是郭驥伯父是陳誠的繼承人。我父親在陳誠麾下任連長時，尹是排長，所以尹對郭頗為敬重。當郭提出陳案乃冤案，他當然重視而複查陳案。所以當時唯一能救啟禮的就只有我。

啟禮的第三次危機是「歐帝威事件」，它幾乎毀了啟禮與竹聯的大好局面。此事件不單是竹聯幫的大事，更是啟禮第三次命懸一線的大劫數。因為歐帝威事件發生後，幫內基竹有許多看不下去的兄弟，欲準備用最極端的手法「處理」此事。而當時也只有我能藉由安撫與約束各堂兄弟，保住啟禮與竹聯的平安。

第二部——臺灣江湖要事——人在江湖，身不由己

07

江南案——一場情治機關的鬥爭

竹聯經過我主持的第二次大重整，新生代培訓有成，與牛埔作戰又取得全勝後，走上了一個新階段。我在出國前將全權交給啟禮，這時候的竹聯已是有規模且具有實力的學生幫派，可以立足於臺灣江湖。

陳仁事件

然而，隨後發生了陳仁事件，對竹聯造成嚴重打擊。民國五十九年七月，我在瑞士日內瓦玫瑰花園湖畔旅館的庭院裡吃下午茶，一位當地的朋友說臺灣發生重大新聞，拿報紙給我看，我一看就知道竹聯出了大事。

這件事的起因是在民國五〇年代末，啟禮收了幾個「賭博郎中」（陳仁正是其中一人）做事——以熟練的賭術、詐術設局謀財。最初是照規矩來辦事，每次上工前、下工後都要搜身，以防私藏錢鈔，且以計工給酬。

但後來他們因阿諛逢迎而和啟禮混熟，啟禮就大意了。賭博郎中連對自己的父母、親兄弟、朋友都會設局謀財，怎麼可能談兄弟道義。再加上，之後啟禮不如一開始的嚴格管束，逐漸放任他們在外面打著竹聯這個招牌招搖撞騙，後來他們膽子越來越大，甚至敢冒充竹聯的大哥。而外面有些人和竹聯兄弟不熟，不了解竹聯內部的事，因此有人信以為真。

而這些賭博郎中之間，為了爭利爭寵而互相傾軋。但啟禮處理此事不謹慎，他不應該偏袒某一方，而是應該雙方都開除。後來陳仁因盜領組織公款逃逸，**向警方尋求保護，但竹聯兄弟張如虹衝動的在西門町，砍死了在警方保護下的陳仁，等於是公然向警方挑戰，當局即對竹聯兄弟實施了一次大逮捕**，波及了不少老少兄弟。

啟禮等兄弟也因此事被捕而移送外島管訓，好幾年後他自外島釋放回臺北，原本想安穩的在老兄弟的建築公司工作，但外界與竹聯內部（與他敵對的老兄弟）的一些敵對力量，利用各種方法想置他於死地，例如硬是被我救下的啟禮「第二次報准移送外島管訓」，當時如果他再被警總移送外島管訓，那就沒有機會再回到臺灣本島了。

啟禮雖然回臺北後有了一份工作，很想從此好好做人，但他處在極為艱難的環境中，敵對者想盡辦法除掉他，逼使他再重回江湖這條路。

民國五十九至六十一年，我主要在歐洲從事黨務、學運、僑務的工作，民國六十一年暑期順利在西班牙馬德里，主持召開了全歐第一次的學界、僑界兩界聯合的「全歐反共愛國會議」，團結全歐的學界與僑界；但隔年因「巴黎全歐黨務會議」事件（我在國民黨黨務會議中，因發言遭以訛傳訛而被蔣經國誤會）及父親過世，母親命我回臺守制，因此我辭去各職，回到臺北。

回臺北後，我擔任了郭驥伯父的「中央便民小組」的祕書，主要負責服務民間基層與僑胞的工作。「中央便民小組」的權力極大，一般事件郭驥伯父可解決，若是難處理的問題，他和蔣經國一溝通也就解決了。我在擔任祕書的這段時間裡，將不法官員與既得利益者移送法辦。這麼做當然對自己沒有好處，而且還會得罪他人，換作是其他人可能就不會這麼做。不過因為我的特殊政治背景，即使是有權力的貪官汙吏，也只能乖乖束手就擒。

自從啟禮出事，我就

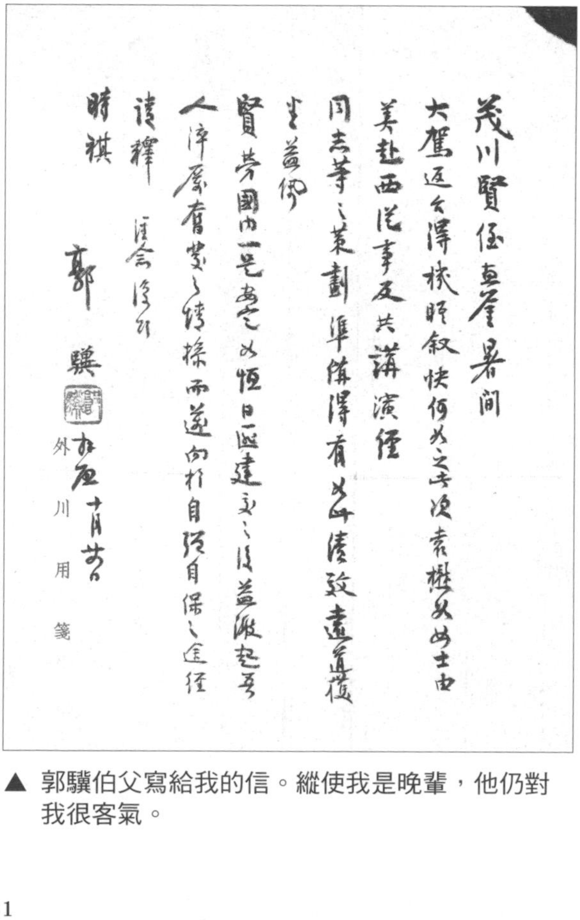

▲ 郭驥伯父寫給我的信。縱使我是晚輩，他仍對我很客氣。

請吳沅新與林建發維持竹聯的局面，他們帶領的兄弟受陳仁事件的波及較少，也是竹聯真正的主力，有足夠的力量應對任何狀況。陳功出獄後，我任命他為總掌法，管理吳、林基竹兩系之外的竹聯兄弟（吳沅新是老兄弟，資歷老於陳功，陳、林的資歷相同，林建發系統只受我的指揮、調度）。

啟禮向我表示他想好好做事，但環境不允許他這樣做，反正做與不做可能都是一條死路，而重回江湖一拚，或許能找到一條生路。我衡量一下，也沒有其他對他適當或更好的出路，且這時他也已下定決心。啟禮也建議我，我雖然是從事政治的研究與工作，**但幫派兄弟也是社會上的一種力量及資源，也許有一天會需要他們**。他說得很有道理，我也決定幫他達成心願。

我一向認為，要不斷的培養新人保持活力與戰力，以新血源源不斷注入組織，團體才能保持長久的力量。啟禮剛重返竹聯時，他的身邊較單薄，當時中生代（指民國五十二、五十三至五十六年入幫的兄弟）大都成家，為了家計大都也就業，新生代（指民國五十六、五十七年至末期入幫）多數依所學就業，周令剛、吳敦、蜈蚣、郎中在電影戲劇界發展；黃大嘌、黃鳥、毛弟因有親人在美國，所以被送至美國。

除了基竹系統外，就較少有人再帶兄弟。啟禮自己收了幾個兄弟，帶給我看過，個性純厚敦實，但後來也不太在江湖混，不能成為有用之才。

我安慰啟禮不要心急，兄弟人馬是可以慢慢聚集起來的，況且竹聯的真正主力基竹系統仍然健在，這些年他們為竹聯撐住面子，江湖上任何幫派還不敢小看竹聯，若有需要，我可以隨時調度基竹兄弟的人力支援。

竹聯的多元建堂

啟禮回竹聯的前幾年，就這樣較平淡的渡過了。在這段期間，竹聯兄弟小丁常帶著一票兄弟在外面拚鬥，犯的案子很多，警方追得較緊，他為了避風頭而退出江湖，等他在民國八〇年代中後期再出來時，我早已不管江湖事。金麟振告訴我這件事，可惜我和小丁再也沒有聯絡上，現在也不知道這位好兄弟身在何方。

經過幾年的歲月，啟禮也成立了「承安消防工程」這個企業，有一個固定的企業地點也就較能聚集兄弟，手上也有了資金。他跟我商量，要以現在的兄弟為基礎，發展為多元化的各堂口。

我說這樣做多元化的無限發展，或許對竹聯往後的擴展是一個好方法。但要考慮的是，當各堂發展出一定的程度與規模後，他們對自己堂的向心力，可能會大於「竹聯」這個團體名稱。

怕到了我和啟禮都不管事的時候，有規模的堂口就各自稱雄，尤其是有老兄弟背景的各堂（我與啟禮、陳功等老兄弟底下兄弟建立的堂，如陳功的忠堂、中壢的信堂、和堂、風戰隊、仁堂、胡台富系統的各堂），誰也不聽誰的，甚至為了利益或細故而互相拚殺。

我的顧慮也不是沒有道理，建堂之初，就曾發生信堂與地堂為了一點小事，先是打鬥，繼而互相砍殺而導致一名地堂兄弟被殺死。信堂的建堂堂主番薯是由一位中生代張姓兄弟帶進竹聯，而地堂堂主鍾魁是老兄弟周榕的陸官學弟，信堂、地堂兩個堂均有老兄弟的背景。

不管誰對誰錯，砍死了兄弟就是有錯。當時我命令風戰隊（對外稱風堂）的唐實生（弟子）等人為監督者，傳信堂番薯與地堂鍾魁來木柵聽候我的裁決。因為信堂砍死地堂兄弟，我裁決信堂有錯，用短刀懲傷了番薯的手掌；而信、地兩堂互相砍殺，都有過錯各記大過一次，兩堂如有再犯則必嚴懲。信、地兩堂都感到委屈，但由於我跟啟禮的威信，當然沒有人敢說什麼，一場後生代兄弟之間的內鬨因此平息。

但到了民國九十六年，啟禮在香港過世，我也早已不管幫中事務。而一些有實力的老堂口到民國九〇年代中期後，如和堂、信堂、仁堂、風堂（風戰隊）等，均發展到具有相當實力的規模，且購置槍械而增強火力。和堂本身就有刀劍冷兵器戰鬥的底子，其他各老堂口一樣有刀劍拚鬥的基礎，裝備了槍械後作戰能力就更大了。民國七〇年代初，和堂在與四海幫於東王西餐廳的激戰中，有很好的表現。

在竹聯各堂都發展到某個程度時，和堂可說是火力較強的堂口；多數來自於中壢客家兄弟的信堂也發展到一定的規模，在臺南的六甲、白河等地也有兄弟，鞏固了中壢的基地，也站穩了在臺北的一席之地；仁堂在建堂之初，發展得並不理想，一度因人員缺少，我將之列為空堂（無足夠人員而不列入戰鬥編制）。這時，正值有一批資質與作戰經驗均佳，且擁有火力的三環兄弟準備加入竹聯幫，我就將仁堂番號給予他們，並由我親自主持入幫拜典，所以這一批仁堂的兄弟，也與我關係較近。

風堂是由我親自編組並帶入竹聯，第一批老兄弟具有軍官資歷，且來自地方角頭，都是素質好的可造之才。我對他們的教育也較注重道義與紀律，並親自教導與傳承我的戰鬥經驗與一些為人處世心得，他們也成為一個重道義的團體，我對他們也較滿意。至於為何起名為風戰隊的緣由，我是取自《孫子兵法．軍爭篇》：「其疾如風，其徐如林，侵掠如火，不動如山。」

竹聯當初準備多元建堂時，我打算將十四個堂（忠、孝、仁、愛、信、義、和、平、天、地、至、尊、僑〔香港〕、風）分別編為四個戰隊，各戰隊可以單獨作戰或執行個別任務，也可以兩個或兩個以上的戰隊聯合作戰，藉以增加戰鬥效能。日本戰國時代甲斐（亦稱為甲州，相當於現今日本山梨縣）將領武田信玄，借用中國《孫子兵法》中的「風、林、火、山」，把其部隊依功能與作用分成四大戰隊，能做到行動時疾如風、行軍時穩健如林木、如烈火般攻入敵陣、防守時如山嶽般不動搖。

一開始，我將和、信、仁、風四個強力堂編為第一戰隊，但因當時竹聯在臺灣江湖上並沒有強大的敵人，所以第一戰隊沒機會大展身手。風堂繼承了早期竹聯的戰鬥精神和道義，穩健的逐步發展，後來發展到有四十七個分支機構的規模，出乎我的預料；仁堂分支機構的發展也很迅速，尤其「弘仁會」人員增加很快。竹聯幫在各堂之下發展出各個會，走向了多元的無限發展。

臺灣早年的學生幫派經民國四〇至七〇年代的長期演變與世代交替，已由當年單純的學生幫派演變為具有黑社會性質的幫派。現代黑社會幫派要維持生存，除了基本的人力外，更需要金錢與火力這兩個條件，而快速獲取金錢的方法就是毒品，再以毒品獲取資金，並購置槍械增加火力。但餅就只這麼大，大家要爭奪，就不免為了利益與毒品銷售地盤引起衝突。

竹聯的各堂如和堂、信堂、仁堂後來也捲入槍戰，尤其和堂與仁堂（弘仁會）造成竹聯幫內部為毒品火拚，有好幾位副堂主級別的兄弟死亡。雙方均透過毒品的獲利購買槍械，例如有夜視鏡裝備的槍械，且互相拚殺、不斷發生槍戰。

竹聯由多元建堂的無限發展，走向各堂自我發展，構成分子也良莠不齊而複雜化，再也沒有人能對竹聯做全面的管束。

起初我不贊同竹聯多元建堂，但啟禮耐心的多次跟我商談：「現在的中生代、新生代兄弟多數在就業做事了，且年紀也逐漸大了，趁著現在兄弟的基礎來多元建堂，不然別的幫派趕上潮流，也會走這條路，到那時候我們中和鄉就落後了，至於以後有什麼演變，我們也許就看不到了。」

啟禮說得有道理，我當然能接受，雖然當時基竹系統兄弟英勇善戰，但人終究會變老，戰力也會逐漸消退。多元建堂、各自分頭發展，並不違背我的不斷培養新人原則。

只是自民國四〇年代後期以來，文山、竹聯、血盟的重要戰將及幹部，大都是由我親自培訓，他們的為人處世也都受到我的影響，我除了指導戰法外，也教他們什麼是作為江湖兄弟的基本道義與倫理——沒有深仇大恨，絕不可致人於殘廢及死亡；不可恃強凌弱、做人囂張（凡是平時態度囂張、自以為了不起的人，在處於絕對劣勢的狀態下，就缺少面對劣勢的勇氣）。經過我培訓的兄弟中，很少有作奸犯科的十惡之徒，且兄弟之間的感情也較深厚。

但往後多元建堂、各自發展就不同了，主要由各堂的幹部負責教導，我那套傳統的為人處世原則，就可能不是他們學習的榜樣。後生代的各堂兄弟除了幾個與我關係較深的堂口外，其他堂的堂主以下兄弟，也就很難有機會接受我的直接教導與影響。

當年多元建堂的決定，我經過了慎重考慮，因為它是有利有弊的。我跟啟禮多次商議，最後我同意了竹聯多元建堂、無限發展的模式，達成兩人意見一致。但這是一條不歸路，**我跟啟禮擬定了「進場機制」，卻沒有「退場機制」**。

陳文成死亡案與林義雄滅門血案

臺灣在民國五〇年代，雷震等人士創辦的《自由中國》逐漸成為民主運動的主流刊物，社會已顯露出，政治上應自由組黨的傾向，這本來也是

▲《自由中國》雜誌為臺灣早期民主運動的主流刊物。

順應潮流做政治改革的一個契機。

結果，雷震等人士被以叛亂罪名處刑。雷震的女婿是我的老兄弟文山新店幫老大王安仁，為人真誠謙厚、極講道義，我也認識王安仁的妻子，所以在雷震被捕、被判刑後，我也知道一些內情：美國人在幕後支持胡適、雷震等知名人士組黨，蔣中正怕幕後的美國人影響其政權，所以就以「莫須有」的叛亂罪，鎮壓臺灣早期的自由民主理想者。

其實無縛雞之力又無軍隊武器的文人，如何能叛亂造反？當時我還年少並不太懂「政治」的險惡，只是對朋友家裡長輩出了事，心裡有同情的感覺。

後來，民國六十六年因國民黨在桃園縣長選舉投票過程中作票，引發火燒警察局的「中壢事件」，民國六〇年代末期至七〇年代，臺灣社會更發生了許多大事。民國六十八年十二月十日，發生了對臺灣社會影響頗大的「美麗島事件」，多名人士遭到逮捕與審判。

隨後在民國六十九年二月二十八日，竟發生了震驚社會的林義雄滅門血案：林義雄的母親與兩名女兒被人用刀刺殺身亡，僅一名女兒被刺殺後獲救。這是一起慘絕人寰、殘酷無比的事件。是政府體制內的單位所為？或是體制外的人士所為？這不像江湖人所為，江湖上尋仇有一定目標，主要是針對特定仇家，林義雄是位謙謙君子，不可能與江湖人士結上深仇大

▲ 林義雄滅門血案（林宅血案）成了林義雄心中永遠的傷痛。

恨，且江湖道上的兄弟絕不殺女人與小孩。犯案的唯一原因應該是政治因素，有可能是體制外的人受命而為。在社會一片的譴責聲中，此案仍無法破案，成為懸案。

同年三月十八日，軍事法庭開始對「美麗島事件」核心人物黃信介、施明德、張俊宏、姚嘉文、林義雄、陳菊、呂秀蓮、林弘宣等八人審訊；民國七十年七月三日，前一日被警總約談的海外學人陳文成，被發現陳屍於臺大校園。此後，臺灣的黨外人士與民間要求開放黨禁、報禁以及解除戒嚴的聲音不斷響起。

陳文成是美國卡內基美隆大學的一位學者，長期關心臺灣的民主運動。民國七十年五月，他帶全家回臺探親，七月二日被三名警總人員帶走，隔天被發現陳屍在臺大研究生圖書館旁。從現場來看，陳

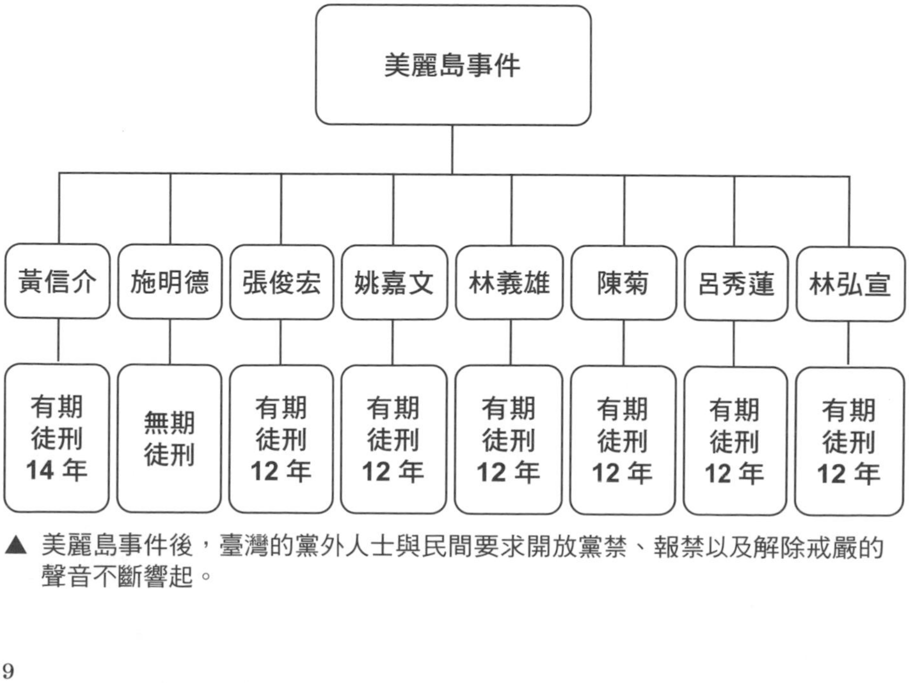

▲ 美麗島事件後，臺灣的黨外人士與民間要求開放黨禁、報禁以及解除戒嚴的聲音不斷響起。

文成像是從圖書館樓上摔下而離奇死亡，但他在生前是被警總帶走，之後就不明不白死在臺大，案情矛頭當然指向在威權時代令人不寒而慄的警總。

但警總有明確的放人時間與人證的紀錄，雖然脫不了關係，卻查無實據。又或是，陳文成在離開警總後，被人綁架到臺大然後死亡。那到底是誰做的？在輿論熱議、民間懷疑的一片爭議聲中，最後不了了之，成為神祕的懸案。

一本書引來殺機

民國七十三年十月十五日，則發生了對臺灣的政治有極大影響的江南案[6]：撰寫《蔣經國傳》的作家江南（本名劉宜良），在美國加州的舊金山，被謀殺於其寓所的車庫外，震驚了海內外的華人，凶手是陳啟禮、吳敦與董桂森。

江南案與陳啟禮的江湖人生也有密切的關聯。竹聯在江湖與社會上的影響大了，啟禮也就涉入這個社會的事情深了，不然情治單位怎麼會找他去刺殺江南。

凡事都有它的一體兩面，啟禮雖然在內外皆有敵對的力量，但自民國五〇年代末期，他在社會上的名聲很大。由於啟禮的名氣大，社會上的各界人士也開始注意他，企業界的第二代也想認識他並進一步與他交往，在和外界互動的過程中，我想他也可能與政府體制內的一些單位有了接觸。

蔣孝勇先看上他，透過自己身邊親信向他示好、拉攏，他們就有所來往。蔣孝武與蔣孝勇從小感情就不好，蔣孝武見蔣孝勇養了陳啟禮這隻「老虎」，他當然不能坐視不管，不過那時候他們都沒擁有實權的職位，中央黨部有人想拍蔣經國的馬屁，把兩兄弟放上中央委員的候選名單，蔣經國知道了，就生氣的將兩兄弟的名字劃掉。這件事是我親聞的真事。

後來蔣孝武出任了「國家安全會議」的執行祕書，控制了情治單位，進而掌控特種部隊的裝甲兵。在那時候他也想拉攏啟禮，掌控這股民間江湖上的力量。中國自古以來朝中權貴也結交江湖人物，清初雍正是皇子時也遊歷與結交江湖人物。這時的啟禮已廣泛與社會各界來往。

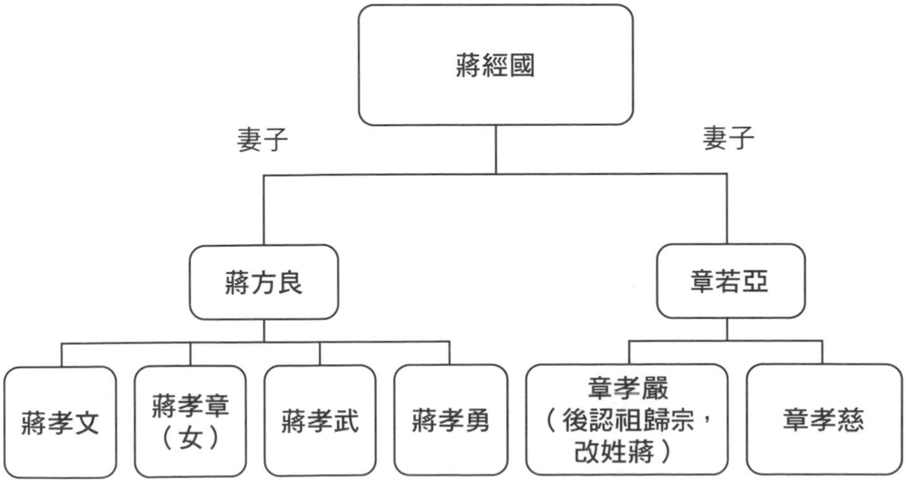

▲ 蔣經國一共有5個兒子1個女兒。

在仁愛路靠近九如小吃店附近的一條巷子內，我與啟禮有一處除了我們之外，沒有任何人知道的祕密地點，我們總是約在那裡碰面，把近日的事情互相分享。

在江南案之前，我與啟禮之間沒有任何祕密，他做了什麼事會全部告訴我，我做了什麼事也會全部告訴他。例如啟禮跟我商議，在適當時機想除掉周榕、林國棟這兩個人，我只能想盡辦法拖延，我知道啟禮與他們的早年心結，是永遠解不開的。

在那段時間，他派劉煥榮先後殺了南部兩位與臺中地區三位的角頭人物，啟禮還告訴我，劉煥榮是趁對方吃完晚飯後、在屋外納涼飲茶時，突然衝至他們面前，冷靜的將對方一一射殺。由於他很詳細的告訴我事情的來龍去脈，我的印象比較深刻。

啟禮也常指派其他兄弟執行一些任務，但被殺者都有一些背景，多是臺獨的支持者，當時我也沒有太在意這些個別擊殺行為，因為它不是幫派間有規模的衝突。我想這些被殺者或許與什麼人結怨，啟禮是受人之託，但這些受害者都沒有與竹聯有所衝突，這個疑點在我腦中僅一閃而過，並沒有在心中停留多久。或許從那時起，啟禮可能與一些單位開始有所接觸與來往。

6 民國七十三年美籍作家劉宜良（筆名江南）在美國加州住家的車庫外遭槍殺。調查後發現是臺灣國防部情報局指派竹聯幫堂主陳啟禮率領董桂森、吳敦到美國執行這項「鋤奸計畫」。

根據當時情報局的說法，劉宜良為在美工作的情報局人員，因屢次洩漏情報，因此才決定要制裁他。但劉宜良親友堅信，劉宜良是因為撰寫了《蔣經國傳》，揭露政府機要祕辛，又將為當時曾多次公開批評國民黨的吳國楨寫傳記，擔心書中內容會對蔣經國或政府不利，所以才會動手。

「王昇特別案」的前因後果

民國六〇年代發生了桃園中壢事件，時任國民黨組織工作會主任的李煥被迫下臺，被蔣經國貶至南部高雄任中山大學校長，暫時離開了黨的系統。李煥有豐富的工作經驗，是蔣預定培養的未來黨務負責人。

蔣提拔的江西幹訓班系統，如教育界的潘鎮球（教育廳長）、姚舜（我出國時的教育部出國留學生講習班主任）、退輔會主任趙聚鈺、李煥、軍中政工系統王昇、救國團副主任宋時選、政界的俞國華，均頗得蔣的好評，其中以李煥與王昇最為蔣倚重。而李煥已經離開中央，王昇在軍中的政工系統根深柢固，其政工幹校培養出的學生，已有不少升至高級將領及重要職位，又負責主持權力較大的劉少康辦公室，可說是權傾中外，且又對蔣經國效忠，是蔣最重要的助手。

民國七十一年，是我自「巴黎全歐黨務會議」後，離開了黨已近十個年頭，也是元老與郭驥伯父決定我是否再回到黨中央的時間點，最後我決定不回到黨中央。因黨的權力繼承問題，元老系與蔣經國的關係並不融洽且漸行漸遠，導致對立而最後雙方決裂。

蔣經國的左右手是李煥與王昇，李煥已在外，而王昇權重，更是蔣權力核心的支柱（當時有所謂的「李換（煥）王升（昇）」之說），因此我向郭驥伯父建議應首先砍掉王昇這根支柱，其他人就較易應付。

我提議可以藉王昇與國泰企業有良好關係這點加以運作。國泰曾暗中以資金支持高雄美麗島事件，而王昇的副手蕭政之（蕭曾任王的政工幹校副手以及總政治作戰部副主任）恰好又在國泰企業內任總經理。我們利用上述兩件事，製造王顯然與本土勢力有密切關係而生有異心的說法，把這件事**運作成一件「王昇特別案」**。

但這件「王昇特別案」如何轉到蔣的手裡，又不會讓蔣感到疑惑？

說到底，王昇本是蔣經國十分信任、倚重多年的左右手。這時，最疼愛我的郭媽媽（本名袁梅，是我出生時，第一個抱起我的人，一直把我視同己出）出手，她以她系下幹員前調查局長沈之岳（沈的岳父也是郭的一系），擔任總統府國策顧問之利當面呈報給蔣經國（一般國策顧問都是掛名，並無實權，但蔣對沈不一樣，在總統府內特別幫沈設置了辦公桌，對沈信任有加）。

這件「王昇特別案」由沈當面報告給蔣經國，蔣經國不會懷疑情報來源與企圖。果然，蔣在聽聞後在震怒之下，**撤除王昇原職務並改調聯訓部**（軍中高級將領在退休前的轉接站），**隨後遠貶到遙遠的南美巴拉圭**。至此，蔣內部權力核心順利被剷除。自古以來要戰勝強敵，必須先除去有力的左右手人物，再攻擊強敵就事半功倍。

事件之後的兩年多，我的一位親信兄弟謝大明向我建議：「王昇對蔣是真正的忠心，卻反而受到遠貶海外的這樣屈辱，王的內心一定覺得十分委屈與不平。**我們這時候去探看王，他對我們一定別有好感**，王多年培養的軍中政工系統，在臺灣仍有其系統，或許將來能為你所用。」

我一聽之下覺得大明除了勇猛忠誠外，也有高明的智慧，就採納他的建議，大明也立即聯絡他事先已經聯繫過的同期飛校同學、擔任駐巴拉圭大使館的空軍副武官，並隨後訂了兩人從洛杉磯飛往巴拉圭亞松森的機票。

意外的發言

我們飛抵亞松森後，入住了富人區的帆船俱樂部旅館，大明的同學也向王昇大使報告我們的來訪，但王對我的來訪仍是十分謹慎，因為要會見像我這樣政治敏感的黨內人物，他不得不慎重。

王長期是蔣核心權力的重要人物，他當然知道我是黨內元老與常委會周至柔、郭驥兩位主席培養的黨的繼承人，王也知道我和江南案有關，此事件重創了蔣孝武。

王先會見了大明，談的還算投機，也了解到我僅是探望之意，並無其他意圖，經再三考慮，在我們到達的第五天，終於約定與我見面，會面地點選在王昇大使的官邸，先由那位空軍副武官單獨到旅館來接我與大明。

那天好像是經過特別的安排，官邸內除了王昇本人與在內室的大使夫人外，不見任何的服勤人員。王大使十分客氣，分賓主坐定，也就是王昇大使、我本人、大明以及空軍副武官，一共是四個人。我們談論一些黨內問題、交換一些對時局的看法，看得出他內心的不平與委屈，並痛恨一些對他落井下石的人，其中包括蔣孝武、蔣孝勇因他照顧章孝嚴（後認祖歸宗，改姓蔣）和章孝慈兩兄弟而產生敵意。

當時新聞熱議的江南案，當然也是談論的話題，而王僅知啟禮與我是江南案的策劃與參與者，但不知曉江南案的遠因、近因，以及中途的變化與事後皆由我運作[7]。

王昇更不知道在江南案發生的兩年前，我在離臺前向元老建議：根據我本身實際的接觸與了解，當局早已經有刺殺江南的意圖，若能掌握與運作這件事，或許能扭轉現在被動的局面。元老同意我的建議，隨時注意事態的發展，並將情況告知我，以協助我在美國對事態的掌握與運作。

賓主雙方談得十分融洽與投機。當下，王昇順口說了一句極為關鍵性的話：「**林義雄**、

陳文成的事做得乾淨俐落，怎麼江南這件事他弄成這樣糟糕？」王是順口說出來，但我大吃一驚，難道林義雄滅門血案、陳文成命案與江南案是同一人所為？不然他怎麼會以完全不相關的臺灣與美國兩件案子做比較？

王順口對我說出這麼機密的話，我認為還有一個因素，那就是王以為我一定知曉發生在臺灣的這些血案。了解中和鄉（竹聯）內情的人都知道，自民國五十六年我第二次重整竹聯主持幫務以來，對內對外重要事情都是我與啟禮共同商量，經我同意後再付諸執行，可以說是兩人一起做出重要的決定。

啟禮為了自己的生存與利益而做了一些事情，這我當然知道，但去殺害一位無辜長者與三個稚齡的女孩，我認為啟禮絕對做不出來。

這個血案或許是執行任務的人失手造成的？這也不可能，因為擔任這麼重要任務的殺手，都必定經特別挑選且具有經驗，失手的可能性太小。這個血案也不像是江湖上的尋仇報復，江湖上的規矩是絕不殺女人與小孩，且冤有頭債有主，仇家本人才是擊殺的目標，殺手不可能分不清楚。

我想起一個兄弟，他那時常在啟禮身邊被派出去執行任務，有一次啟禮派他去殺老兄弟周榕，但他下不了手，以沒有堵到周榕為由向啟禮交差，啟禮當時沒有懷疑。

但後來因一清專案他逃到菲律賓，與陳功等兄弟住在一起時，把這件事告訴他們，後來傳到啟禮的耳裡，啟禮很生氣。有沒有可能是啟禮為了防止這個兄弟洩漏林案消息，而間接對他痛下毒手？有關這個兄弟，我在本書第十二章內有專門談到他。

我分析發生血案的唯一可能性，就是「上面」有特別指示，受命人與執行人不得不照「上意」執行，而造成慘絕人寰的林義雄血案。其意圖就是恐嚇異議人士與反對者，在美麗島事件的軍事審判之前，營造一種恐怖氣氛。

這次重要的會面有許多證人，王昇雖已過世，但我本人、大明與他的同學空軍副武官都仍健在。啟禮自始至終都沒有和我講過林義雄血案與他有關。在江南案之前，我與啟禮之間是沒有祕密的。或許他不能告訴我，是因為他知道我不會同意他做這種傷天害理的事，而且我還會去阻止他，也更有可能是「上面」交代他，此事絕不能讓其他人知曉。

我沒有直接的證據證明這些血案都是啟禮做的，那麼當年下達這個命令的人是誰？我僅能把自己在與王昇的會面中，親耳聽到的事情據實告訴世人，由世人判斷誰才是血案的真正凶手，而**陳啟禮等人只不過是當權者的一顆棋子**。

7 民國七十三年九月，啟禮打電話告訴我他要來美國，要我陪他去舊金山。啟禮抵達美國後，我與毛弟如期接機，而當晚啟禮說出他此行的目的，且拿江南的資料與我商量。幾天後，我陪同啟禮飛往舊金山，隔天我帶他去看江南在加州大里市的住家，並介紹我的親信給他，是準備協助他辦事的人員。

但後來計畫出現變化——啟禮臨時要毛弟調來吳敦與小董（董桂森）「辦事」。他們在擊殺江南後，我與啟禮在洛杉磯碰面，我問他，為何中途改變計畫，因為此事牽涉到黨內最高權力的鬥爭，做了這件事有被滅口的大風險。

然而，他只說：「現在已經做了，我只能回臺灣，畢竟我的父母、家人都在臺灣。」我說：「既然只能回臺灣，那你必須留下證據，以證明你是臺灣軍情局派來美國刺殺江南。」我建議啟禮用錄音帶記錄，作為明確的證據，以防萬一出事，可以替他申冤。

隔日，我在啟禮、吳敦、小董借住的山腰小屋替他們送行，他們乘車離去，然後搭飛機去德州休士頓找另一個兄弟黃鳥。啟禮他們到休士頓後，將錄音帶交給黃鳥保管。他們之後發生的事，是黃鳥在二十五年後假釋刑滿，到上海時告訴我的。臺灣一清專案事發後啟禮與吳敦被捕，我立即想辦法把一件單純的刑事謀殺案，運作成一件政治事件，使臺灣不能將啟禮與吳敦滅口，保住這兩個人的性命。

08

四海與竹聯的最後一戰——東王西餐廳的對決

四海原本想藉由東王西餐廳之戰一舉殲滅竹聯，但後來演變成四海對竹聯的最後一戰，這也是**臺灣江湖上刀劍冷兵器時代落幕前，四海與竹聯在刀劍上的最後拚鬥。它也代表傳統刀劍時代走向結束，火器槍械時代跟著來臨。**

開戰之前

東王西餐廳之戰開戰前，四海與竹聯之間的關係還算是融洽。蔣克倫大哥是當時四海的幕後主持人，他是老東門的兄弟，也是十三太保、十八羅漢、海浪在民國四〇年代初期的兄弟，還曾跟我的堂兄柳茂筑的兄弟朱宏發生衝突；蔡冠倫是四海老大，他與啟禮有往來，還送了一把新式左輪手槍給啟禮；我跟克倫大哥、蔡冠倫也相處得不錯，況且我和老四海的袁雲剛、胡柳虎、陳自奮、寇保都是多年的好友，大家都處在和平、友好的氛圍中。

那四海怎麼會發動有計畫的大規模突擊行動？

在民國七〇年代初期，竹聯早已不是民國四〇年代時的小孩幫，擁有很多的悍將猛士，對外英勇善戰，對內尊奉倫理道義。自從我主持竹聯後，兄弟必須嚴格遵守尊奉倫理的規定。不論他們對外如何凶神惡煞，對內仍是長幼有序、尊崇倫理。而竹聯兄弟在外遇到四海兄弟時，不免表現出趾高氣揚、壓制他人的樣子。

據我所知，原本是四海的寶鏞以前在華山的一家舞廳外，被幾位竹聯兄弟圍在中間，以言詞加以羞辱。寶鏞當時也是知名人物，過去不曾被如此對待，加上他又是會記仇的人，這種事他當然要「找」回來。所以他也是極力主戰的人物。

像發生在寶鏞身上的事，不但並非個案，過去還經常發生，所以四海發動大規模突擊，也不是完全沒有道理。我想克倫哥、冠倫不一定是主戰派，因當時並沒有太嚴重的衝突，竹聯與四海的關係也還不錯。但據說寶鏞在會議上極力主戰，大家拗不過他，通過了這次對竹聯的突擊決策。

當時隨侍在啟禮身邊的是周世宏（小周）的和堂，和堂也負責照看東王西餐廳這個場子，竹聯在那裡對外接觸和招待貴賓，四海就誤認為和堂是整個竹聯的人馬和主力。

因竹聯多元建堂而建立的忠、孝、仁、愛、信、義、和、平、天、地、至、尊、僑、風堂等，各堂的戰力雖然不同，例如忠、信、天、和、地等堂較為突出，但總體來說，各堂仍具有基本戰鬥能力。

不過竹聯當時真正的戰鬥主力，**並不是已經培訓成軍的新建各堂，而仍是以基竹的吳沅**

新、陳功、林建發等兄弟為頭領人物的各派系。沅新系下的黃大嘌、薛正荃在民國五〇年代的後期帶進大批的兄弟，他們也自成一系，可以獨立作戰。

林建發帶領的老兄弟，如民國五十二年入幫的劉祖德、童強、王華五、肉丸、楊希寧、野雞、李幹、楊寶麟，以及隨後在民國五十三年入幫的梁先宏、方國俊，皆作戰經驗豐富，經得起戰鬥的考驗。他們從民國五十二至五十五年屢屢戰勝中和鄉的溪州等本地角頭，橫掃西門町，常常巡視白光咖啡廳、惠中彈子房等處，其他幫派兄弟都避之唯恐不及。這批兄弟日後也成為竹聯的中堅力量，為竹聯撐住了多年的場面。

通常在對外作戰前，第一步應該是了解敵情，知彼知己，知道敵我雙方的力量和現況，這是最基本的敵情偵察工作。這些工作在平時要做好，並預設假想敵。但四海在戰前，沒做到這些事前準備的工作。他們連敵人的實力都沒有弄清楚，就誤以為一個和堂，是竹聯的全部力量，貿然對駐守東王西餐廳的和堂發動突擊，企圖以一戰殲滅竹聯的主力，來宣洩多年來的怨氣。

但我事後聽說，四海以為擊滅他們認為的竹聯主力後，竹聯必無任何還手之力，隔天若在臺北西門町看到竹聯的兄弟，一律要他們罰跪在地上以「示眾」。這麼做就有失公道，「冤有頭、債有主」，什麼人整過你、砍過你，你整回來、砍回來就是了，哪有不分青紅皂白的隨便懲罰他人，那就不盡人情了。而且四海在不明敵情的失誤下，即使當晚四海能突擊東王西餐廳成功而全殲和堂，但後面接連而來竹聯的反擊，恐怕也讓他們付出難以承受的代價。

四海準備大規模突擊東王西餐廳時，我正好剛回臺灣。但我在發生事情的前幾天告訴啟禮，我不在臺灣的這段時間，各堂仍須保持警戒與備戰的狀態，一部分的堂仍須繼續進行野外的訓練，並請基竹的沅新、陳功、林建發各系互相支援，以應對各種情況，並交代建發統領本系各老兄弟，且代理我統率除了沅新、陳功系外的其他各系，以備隨時一有狀況即可調度、整合而對外作戰。

四海除了沒有偵察敵情，還因為輕敵而大意。**我從二十二、三歲起就幾乎不喝酒，永遠保持在警戒的狀態**，能在任何時間處理突發狀況。那麼多兄弟的生命在我手裡，他們可以喝酒、過夜生活，但我有責任在身，必須對所有兄弟負責，所以我不喝酒。

除了長年保持警戒狀態外，我也永遠備有「預備隊」，這是我小時候大伯父教導我的軍事知識。**面對任何的戰鬥，頭領必須準備預備隊，作為緊急時的應變之用**，使用預備隊得當，往往能扭轉戰局，甚至反敗為勝。

我把後生代的新建各堂當作竹聯對外的表面力量，把有豐富戰鬥經驗的基竹各系當作潛在力量的預備隊。作戰隊在前戰鬥，預備隊投入支援作戰的方式，早在竹聯與牛埔於香港西餐廳決戰夜中已使用過：戰鬥堂配置在內線的香港西餐廳；由基竹陳功、林建發領軍，以吳沅新系為主的基竹各系作為預備隊，預備隊的人數、戰鬥經驗與整體實力均可以信任。

當時我為求保險起見，把基竹的老兄弟陳功、林建發調來指揮戰鬥堂，戰鬥堂由掌法童強、周令剛以及負責作戰的老么吳高雄主持，再讓資深老兄弟楊寶麟等人輔導。

以強大的預備隊支援一場戰鬥，能保障作戰隊的取勝機率，自牛埔戰役之後，我就一直採取這個戰法，使竹聯在戰鬥上能長期占上風。在東王西餐廳之戰前，竹聯真正的主力是隱藏在身後的基竹各系，比表面的力量強大得多，而永遠保持警戒與設置預備隊，也是我一向的原則。

竹聯新（新建各堂）老（基竹各系）搭配，是新銳的衝勁搭配穩健強大的支援力量，能隨時對敵出擊作戰，可說是兵強馬壯；四海也有幾位後起之秀，不乏人高馬大的領軍人物，且戰力兼具實力與人數，並不低於竹聯的和堂。但他們不知道竹聯除了有新建各堂外，還有強悍的預備隊，敵我整體的力量十分懸殊。

東王西餐廳的拚殺

接著，我要敘述這件竹聯與四海在東王西餐廳，以刀劍冷兵器互攻的鐵血拚殺，以及後續的影響與結果。

那時我剛從美國洛杉磯回臺北才幾天，就又去了香港一趟，記得回程那天是早上的班機到桃園中正國際機場，大約下午一點左右住進飯店，隨後不久就接到消息：前幾天晚上和堂與四海的兄弟在東王西餐廳發生衝突，但沒有發生嚴重的流血事件，且啟禮與蔡冠倫已談妥和解，彼此的誤會消除，並通知各堂解除戒備和戰鬥布置。

我當下先聯絡啟禮，想進一步的了解實際狀況，但打了多通電話仍無法聯絡到他。過去不像現在每個人都有手機，難以臨時聯絡上他人，使我內心不免有點著急。照當時的現況來說，竹聯與四海之間的關係還算是相安無事，四海也沒有挑釁、突擊竹聯的理由，況且啟禮已同意和解，應不會出什麼狀況。

但我心想事情也許沒有這麼簡單，四海明明知道東王西餐廳是竹聯的場子，居然還來製造摩擦、衝突，會不會是要利用此事，製造挑釁的藉口？江湖上發生的大事，往往從一件小事起頭。我覺得事情有點不太對，但又聯絡不上啟禮，時間一分一秒的消失，這時候已快接近下午五點。

這時我知道我不能再遲疑不決，**因此發出一個完全與啟禮相反的命令**：啟禮先前通知和堂已與四海和解，並解除和堂的備戰狀態；我則下令和堂立即進入備戰狀態，於傍晚時分命部分主力突擊四海據點，並讓林建發派出基竹戰將，支援東王西餐廳的和堂兄弟。

這是我與啟禮自民國四十七年結義合作以來，第一次意見相左，各自發出不同的命令。和堂與各堂此時全部遵照我的命令，而基竹各系原本就由我管理，當然確切奉行。這個命令下達後的人員聯繫、集中、武器調配等，在時間上是有點急促，但總算達到備戰的狀態，可以應付各種突發狀況。

而和堂與小周也做了一個大膽的決定：讓主力突擊四海的據點，東王西餐廳僅由小周及少數兄弟留守。就在和堂以主力出擊四海，離開東王據點不久，大批四海人馬突然出現在東王西餐廳樓下正門口（餐廳在二樓），一部分兄弟把餐廳樓下團團圍住，另一部分以兩人並排的形式高舉武士刀，列隊直衝二樓東王西餐廳大廳，場面壯觀，就像電影上日本戰國時代武士列隊攻堅，這在臺灣江湖的刀劍冷兵器時代也不常見。

幸虧發覺的早，小周率六、七名兄弟在樓梯口奮勇抵禦，但四海人多勢眾，和堂只能且戰且退的退入大廳，最後被逼到舞臺上一處。小周揮舞著一根鐵棒率兄弟拚死抵抗，與和堂兄弟作困獸之鬥。這個場面萬分危急，若持續下去，小周與幾位和堂兄弟將非死即傷。

在這時，有兩部竹聯其他堂口的巡行車。[8]正好經過東王西餐廳，看見大批持刀劍的人馬將東王西餐廳樓下圍得水洩不通，他們警覺到這是四海來襲，兩車稍微商量後，機靈的不正面與四海作戰，因為以他們的微薄力量，如果正面作戰必定打不過四海的人多勢眾。他們改走東王西餐廳的側面巷道，由東王西餐廳的後面進入餐廳，企圖與餐廳內的和堂兄弟會合以支援作戰。

搭乘巡行車的兄弟從餐廳後面到了舞臺，立即加入與四海的戰鬥，暫解和堂的燃眉之急，但少數力量的投入，仍抵擋不住四海強大、猛烈的進攻，和堂與這些小隊的人馬被四海殲滅也只是時間的問題。

四海在人員、武器的集中、調配與戰鬥戰術的運用都可說是無懈可擊，他們在事先也必定安排了慎密的計畫，頭領人物也是英勇善戰。對於擊滅東王西餐廳內的竹聯兄弟，四海是有十分把握的。

正當舞臺一處的竹聯兄弟快被打倒的關鍵時刻，林建發率領以老兄弟童強、王華五、驢子、馬面為首的大隊人馬驀然殺到，立即向包圍東王西餐廳樓下的四海人馬衝殺過去。這批基竹老兄弟是竹聯的中堅，不只英勇善戰，且戰鬥經驗十分豐富，不是一般江湖兄弟能夠抵擋。四海人馬受此猝不及防的突然攻擊，馬上居於下風，進而軍心動搖，繼而潰散瓦解。

樓下恐慌的情緒，馬上影響到樓上的四海兄弟，他們一見樓下被反包圍而斷了後路，處在竹聯內外夾擊之勢，當然無心戰鬥而奪門奔逃。竹聯兄弟乘勝追擊，追趕了一、兩條街才肯罷休，砍傷不少敵人。另外，竹聯在東王西餐廳樓下俘獲幾名四海兄弟，逼問姓名、來由，有不回應者即砍剁手指作為懲罰，有一強硬者不回答，在連剁三根手指後，也只能招了。

建發接到我的指令後，為了保險起見，親自統領援軍支援東王西餐廳，在緊要關頭趕到，取得與四海在東王西餐廳激戰的大捷。建發與童強、王華五、驢子、馬面四名戰將以及基竹兄弟全都奮勇當先，確實把握作戰時機而取得大勝。戰後，我也一一嘉勉。

四海的個別素質，可能不及竹聯援軍，但在人數與兵器方面，並不比竹聯差，足以與竹聯拚殺。但聚集在東王西餐廳樓下的四海兄弟，在沒有心理準備的狀況下，突然面對大批竹聯兄弟衝殺過來，即使是有經驗的指揮人物也無法冷靜應對。他們原本是想攻其不備的突擊東王西餐廳，現在反被竹聯的援軍突然攻擊，這種突發狀況也不是他們事先料想得到。

雙方在結束戰鬥後不久，和堂突擊四海據點的主力兄弟也趕回東王西餐廳。原來他們在突擊四海據點時，衝進去後發現空無一人。這一撲空，領軍兄弟馬上料到四海可能全軍突襲東王西餐廳，所以立即趕回東王西餐廳，還好建發的援軍已擊敗來敵。

我隨後也接到建發的消息，並立刻調整作戰部署，命建發統領基竹各系的兄弟作為竹聯的總預備隊，命令各堂進入備戰狀態，作為後續對四海的作戰部隊。

我想也該是讓各堂磨練、表現的時候了，和堂在這次戰鬥中表現良好，我命令和堂整理和補充裝備以守衛東王西餐廳。除了集結重要武器，作為備而不用，我也命令以桃園、中壢為基地的信堂，加入另外兩堂共同作戰，於隔日早上攻擊四海在西門町西寧南路華都舞廳頂樓的四海基地。信堂等人攻入頂樓，一進門就投擲了一顆土製炸彈（據點內部沒有四海人員在場）。

這樣的攻擊態勢，使四海感受到竹聯各堂來勢洶洶，比他們預期的還要激烈。我嚴令竹聯只攻擊四海的據點、基地以及現在在混的兄弟，不得騷擾其他四海兄弟，但四海的老少兄弟仍倍感壓力，如鋒刀在頸而難以安枕。

在一大早攻擊四海基地後，我也聯絡上啟禮。原來他前一天下午和兄弟江念華一起吃飯、喝酒，之後不勝酒力而醉倒了，一覺醒來已是第二天清晨。啟禮一看到我就說：「我幾乎誤了大事！」我說：「不要緊，還好我及時從香港回來，我立即調整部署，現在整個狀況都在我們的掌握中，你不用擔心。」

啟禮是個要面子的人，四海這麼做，他內心當然有點憤憤不平，啟禮說：「四海居然假借和解，不但不守信諾，反而乘機突擊東王西餐廳的和堂，我們差一點就遭到毒手。」我說：

「『兵者，詭道也。』用兵為取勝，本來就沒有一定的法則與規範，四海為了取勝，也只能不擇手段的出此下策。

「他們發動這次突擊的原因，和這些年以來我們兄弟咄咄逼人也有關係，我們也該管束一下兄弟的囂張氣焰。另外，四海完全誤判了我們真正的實力，錯以為和堂兄弟就是整個竹聯的實力，以為突擊東王西餐廳的和堂，就可殲滅竹聯來出氣，解決多年來的恩怨。」

冤家宜解不宜結

四海的新秀資質雖然不差，不過人數不夠，四海在東王西餐廳與和堂少數兄弟拚鬥，還不是跟和堂的主力碰撞，就感到很吃力，更能體會到竹聯援軍的勇猛凶悍。

隔天早上竹聯三個堂的進攻態勢也很凶狠，是有計畫的攻擊四海的據點，凡遇到敵方抵抗就給予嚴厲的打擊。四海若想對抗配備了火器槍械的新銳堂口，恐怕是力不從心，更何況竹聯還有強大的基竹戰隊。四海也會審時度勢，且他們此次因背信自知理虧，我預計四海很快就會提出和談的建議。

啟禮問我：「就這樣跟四海談了？」我解釋：「四海這次偷襲不但沒有達到目的，反而損失不小，這對他們的聲望、士氣都是一次大打擊，而我們卻取得一次決定性的大勝，又沒有人員的損失。現在與四海和解，我們不會吃到什麼虧。」我竭力安撫啟禮的不平情緒。

我自從在民國五十三年與吳自強和解後，對四海在民國四十七年突襲豫溪路口的敵意也慢慢消退；四幫混戰的後期，我也促成了血盟與四海的和解。**我認為江湖是兄弟各自表演的舞臺**，有冤報冤、有仇報仇，**只要冤仇找回來了，就不必冤家做到底**而冤冤相報，若不是奪妻殺父的大仇，就不需要非要殺到底，冤家宜解不宜結。

且這次竹聯是在占上風時，跟對方客氣、謙虛的做一些讓步；但竹聯若處在劣勢，則一定要立場強硬且寸步不讓，要是實在拚不過對方，就採取「寧可玉碎，不為瓦全」的做法，和敵方同歸於盡。

8 巡行車的由來是在民國五〇年代初期，我統領血盟中生代新軍，那時常用將竹竿削尖的竹子強攅，補充兵器的不足，且將強攅的長度鋸短，方便帶上計程車，比鐵製強攅低廉又方便。那個年代只能搭計程車，沒有經濟能力擁有一輛車。但到民國七〇年代就不一樣了，竹聯擁有廉價的小廂型車。我因此安排了戰術編組：每一輛小廂型車配四至五人，以及短強攅兩把、武士刀二至三把，除了巡行自己的地盤，也要支援突發的戰鬥。把人員、武器配置在自己的據點外面，是防止因警方突然臨檢據點，而減少據點內人員兵器損失。巡行車是在外移動，可以機動性支援並減少據點人物損失，所以有的堂也編配了戰術巡行車。

兩幫和解，永不為敵

民國四〇年代後期，竹聯屢遭四海突擊，處於劣勢下風。雖然竹聯的處境艱難，我從未有和談之念，只是一心想與強大的四海拚鬥到底，帶領兄弟不斷的出擊四海。

在最艱困的時刻，三張犁幫李存果、馬祖德拔刀相助，北聯幫饅頭亦出兵、出貨供助竹聯，我聯絡各方而逐漸形成「反四海陣營」，使四海陷入多面受敵及長期作戰的陷阱，並破解其速戰速決、個別擊破、砍殺頭領的犀利狠毒戰法。我使用各種方法積小勝為大勝，一步步削弱四海。竹聯前期的艱苦狀況，不是民國五十年以後入幫的兄弟能想像的。竹聯與四海的纏鬥，從民國四十七年起到四幫混戰的後期民國五十五年時，才算是告一段落。

四海是一個歷史悠久的學生幫派，有傑出的領導人寇為龍、陳自奮帶領，從民國四〇年代中期興起後，一直稱霸臺灣江湖，幾乎無人能敵。我以戰國時代的合縱連橫之法，籌組反四海陣營使其多面長期受敵，另外不斷培養新人，讓新生力量充實陣營。四海老兄弟隨著年齡增長，逐漸退出江湖，而少數留在幫內的老兄弟及中生代，要對付我一批批訓練出來的年輕新銳，也就倍感吃力。

在新老交替的人數、素質方面，四海顯然跟不上，雖然也出現幾位智勇兼備的新秀，如楊愛時、吳自強、蔡冠民、劉偉民等人，但仍擋不住反四海聯盟陣營在人數上的優勢。等到我把文山、竹聯、血盟的新人培訓成材，四海就逐漸趨於被動，並失去多年以來稱雄江湖的獨霸地位。

多年來，四幫雖然拚殺且互相敵對，但仍不失彼此之間的尊重。民國四十七年我與楊愛時在長安東路的拚鬥，是一對一的激烈拚殺，**生死只在毫髮之間，但後來也能一笑泯恩仇**，成為很好的朋友。那時的江湖講傳統的道義與倫理，無論敵我，只要是光明磊落的人物，大家仍互相敬佩。

竹聯與四海是老對手，只不過民國七〇年代初期的竹聯，已不是二十幾年前的竹聯，擁有新銳各堂與強大的基竹各系，這就像兩把鋒利尖刀在手一樣，在戰鬥實力上具有較大優勢；加上，又有幾位老四海兄弟與我有多年深厚的交情。

在這種情勢下，我內心願意把兩幫之間的多年恩怨做一個澈底的了結。我判斷竹聯與四海激戰東王西餐廳後，四海也絕不會輕易對竹聯發動戰爭，所以**兩幫和解、永不為敵是我內心深處的主要意願**。

我與啟禮商量後，他當然同意我的決定，所以竹聯與四海的和解也就容易多了。果然過了一、兩天，四海陳永和打電話說要來看我。陳永和與我關係深厚，他在成長時期也常到新生北路三段孤兒院走動，與竹聯兄弟毛弟也有點頭之交。我叫他直接到我住的飯店房間，相見後他略為問候，就表明四海希望兩幫結束衝突而能達成和解。

四海高明的先派陳永和來向我試探和解的可能，因為老四海知道我跟陳永和的深厚關係。他在成長時期，一在外面吃到虧，我立即派兄弟去找回來，雖然是四海的兄弟，但也與我們下的兄弟沒有分別。四海派永和來向我提出和解這件大事，自然是較適當的人選，因為什麼話，他都可以坦白的跟我說，不會尷尬，我也會直截了當的告訴他。

永和說：「因為目前外面的情勢緊張，四海希望能夠跟竹聯和解，而當前也只有你能做得到。」我回他：「減少流血，不要使事態擴大，兩幫盡快和解是結束眼前緊張局勢的最好辦法。」

那時我知道新銳各堂在臺北各地尋找與四海戰鬥的機會，不過我內心也不想增加流血事件。雙方處在平衡心態下談和解，見面時的氣氛也會比較融洽。所以，雖然我也命令新銳各堂在東王西餐廳事件後的第一、二天，對四海採取猛烈的攻擊，隨後就寬鬆下來。

我告訴永和：「我促成竹聯與四海的和解在原則上沒有問題，你回去可以告訴克倫哥、冠倫兄。」永和見我如此乾脆俐落的答應和解，高興的離開房間。他這麼快就取得和談的成果，而竹聯沒有提出任何的附加條件，不負四海對他的重托，且在老四海兄弟面前有足夠的面子。

我也把大致的情形與啟禮商量，他覺得這樣簡單的和四海和談，是不是有點便宜了四海幫內的主戰派。我說：「我們**既然答應和解，也就不一定要計較**這些，我們做得更有風度，讓他們口服心服。還是你要我在對四海講話時，特別加上一句：『你們如有再犯，我們絕不會客氣！』」

當天傍晚永和打電話給我，說會在八點接我出去，我想應是有事情要談。到延平北路圓環附近的黑美人大酒家後才知道，原來是四海的幕後主持人蔣克倫大哥要親自和我見面。他對和解的事還是有點不放心，我誠懇的告訴他，我跟啟禮都願意和解。

而他的擔心也不是沒有道理，因為四海此次背信突擊東王西餐廳，實在找不出任何的理由，在江湖失信失義，一般幫派都不會輕易答應與對方和解，何況竹聯當時占有優勢。經過我一再的解說及承諾，他才總算放下心來。

既然四海也同意和解，接下來就是談論雙方如何以及在哪裡見面的事，這也煞費四海他們的心思，其中有人總覺得我這麼輕易的答應和解，是不是有詐？想趁四海老少重要人物齊聚一堂時，來個一網打盡。

其實是四海多慮了，由於自己不守信諾，所以有這樣的想法，這也是人之常情。經過幾位與我有多年交情的老四海兄弟，加上陳永和的一再解說，讓四海了解我是絕對遵守道義且信守承諾的人，這才讓他們化解疑慮。

人在社會上首要的就是信用，「人無信而不立」，信用重於一切。四海選出一個他們認為妥當且放心的地點，那就是中山堂對面、臺北市警察局側對面的「山西飯館」，這個地點也真是雙方都不方便有大動作的地方。

我為了澈底安撫四海有點浮動的心，叫陳永和告訴他們，我與啟禮一同出席赴山西飯館之約，以表示我們對這次的和解是絕對誠懇。因為我跟啟禮有約定，我們絕不同時出現在公共場合，這是防備萬一有一個人被刺，另一個人就能立即報仇的機制，已行之多年，大家也習以為常。現在告知四海，竹聯要打破行之有年的慣例，我與啟禮將一起赴約。

在陳永和告知見面的地點與時間後，由於害人之心不可有，防人之心不可無的想法，我們也做了必要的安排：將山西飯館一樓的座位全部預訂，讓竹聯兄弟扮成顧客，有的扮成男女情侶、有的扮成幾名男女友人以及家庭聚餐。**進入飯館一樓人員均配帶手槍，三三兩兩的在我與啟禮到達前，就已坐滿山西飯館的一樓**，外面約有二十名兄弟間散於飯館外接應，一有狀況可衝進飯館支援，另外，由劉煥榮等七、八名兄弟負責近身護衛我與啟禮。

從停車場到山西飯館的這一段路，也有安排兄弟警戒，三個進出口均加以把守，從中山堂地下停車場下車後前往山西飯館，僅是我跟啟禮事先規畫，負責警戒兄弟是臨時被分配任務。不考慮在山西飯館側面路旁下車，是為了預防我們下車突然受到偷襲，通常在路邊上下車時最容易受到突擊，而從不固定路線到達山西飯館，對方是無從捉摸的。

雙方在山西飯館見面的日子到了，我們準時依照事前擬定的計畫進行，到達停車場後，由劉煥榮等人前後護衛，我與啟禮走在中間，依選定路線到山西飯館。一樓早已坐滿自己人，我們直上二樓，進門後我看見老兄弟陳自奮，就上前與他打招呼。我們除了有交情，我還曾到夏威夷拜訪過他。

在大家都坐定後，我就簡短發言。大意是大家都是在江湖的兄弟，不要冤冤相報而互相尋仇、斤斤計較以前的一些恩怨，應該把心思放在發展賺錢事業的事情上，兩幫以往的恩怨情仇就到此為止，都讓它們過去，這才是兄弟的正途。

啟禮一再強調要我說：「你們如有再犯，我們絕不會客氣！」我略為緩和的說：「再有像東王西餐廳的事，那就不是像現在這樣了。」我儘管說得較客氣，但後來啟禮告訴我，當時在座的他們仍表現的很震驚。

隨後的談話氣氛就輕鬆下來，另一桌的四海兄弟也來向我與啟禮敬酒，酒過數巡，我看事先預定退席的時間差不多了，暗示一下啟禮，就說：「今天我們的相聚就到這裡，改日我們再相聚一堂。」我與啟禮起身告辭後，四海兄弟送我們到樓梯口。我就說：「大家都是自己人，請留步！」而永和則送我們到大門口。

當我與啟禮一跨出門口，一樓的男女客人，都不約而同的紛紛站起來走向門口，陳永和見狀，當然知道一樓的客人都是竹聯的兄弟裝扮而成。劉煥榮等近身護衛早已分左右在門前等候，此時即以前後護衛的隊形，保護我與啟禮循原路線返回中山堂停車場搭車，山西飯館的內外兄弟也同時撤離現場。我與啟禮依序回到飯店，東王西餐廳事件到此順利落幕。

當初四海誤判以為東王西餐廳的和堂，是竹聯全部的主力，預想以和解的假象，全軍突擊東王西餐廳的竹聯，期望一舉殲滅竹聯的主力，取得對竹聯決定性的勝利。但是四海誤判了情勢，在東王西餐廳的竹聯和堂，只是近二十個新銳堂口之一，還有強大的基竹戰隊，他們並沒有估算在內。

四海當晚出動了全部的新銳，突擊東王西餐廳的和堂，我也派出以林建發為統領，並由四員戰將童強、王華五、粱先宏、馬面帶領的基竹戰隊，支援東王西餐廳的和堂。兩幫以鐵血刀劍的冷兵器在東王西餐廳展開激烈的拚殺，最終四海以一死多傷而敗，雙方戰況可謂十分慘烈。

這是冷兵器時代落幕前，最大的一次鐵血刀劍集體大拚鬥，四海本以為可以一戰定江山而消滅竹聯，但反而遭遇敗仗，東王西餐廳事件最後由我主導，達成竹聯與四海的和解收場，從此四海也無意攻擊竹聯，兩幫相安無事至今。東王西餐廳之戰是刀劍冷兵器時代後期的一件大事，也成為四海對竹聯的最後一戰。

09 手足相殘的歐帝威事件

歐帝威事件[9]幾乎導致竹聯幫內的大禍，**牽連老兄弟之間的互相殘殺，以及毀了多元建堂發展的大好局面**。「歐帝威」原本是一間樂器行的名字，與竹聯內鬨毫不相關。

但不知為何緣故，基竹建發與馬面的兄弟去砸了歐帝威樂器行，而該樂器行的大股東是啟禮。也許是藝術界人士之間的糾紛而無意引起這個禍端，去砸的兄弟根本不知道啟禮是大股東。啟禮得知此事後非常氣憤，在盛怒之下就有點失去理智，不查明事情的緣由，就派出一個剛進竹聯不久的三環小弟，帶了一些人馬到建發開設在長安東路上的「企業家俱樂部」酒廊堵人。

至於啟禮當時為什麼會派出三環剛進竹聯的小弟辦這件事，也有他的苦衷。竹聯雖有三十幾個堂口，但我有嚴令，任何作戰行動必須先向我報告且獲得我的准許，絕不能擅自行動；去堵老兄弟的事，我也絕不會同意，同時也沒有一個堂的兄弟願意攻擊戰功卓著且有聲望的老兄弟，這種違反竹聯倫理的大事也沒有兄弟會做。而啟禮在一怒之下，出此下策，幾乎鑄成大錯，毀了竹聯與自己。

肥婆、馬面可能完全不知道砸歐帝威樂器行這件事，當然也沒有任何的防備措施，但幸好當時雙方沒有遇到。三環小弟一見沒堵到人，竟然就帶了一把槍和幾個人，到中和鄉馬面的家裡堵人，馬面也沒有防備措施，但幸運的馬面並不在家。然而，這個不知輕重的三環小弟，竟然對馬面的家人撂下狠話並揚長而去。

此事件立即在竹聯內部延燒。基竹的吳系（吳沅新系）和各派均反應激烈，要立即擊殺三環小弟等人，其他各堂也義憤填胸。竹聯兄弟向來尊重倫理關係，一個剛進竹聯不久的小弟，竟敢想向資深的老兄弟動武，懲罰之聲不絕，尤其以劉煥榮與屬於陳功系統的忠堂堂主董桂森（小董）的反應頗為激動，因為劉煥榮曾擔任過我的近身侍衛，所以他特別向我請求出擊「處理」此事。

歐帝威事件引發基竹與啟禮的矛盾，不是外界能想像，它是當時竹聯內部面臨最大的危機，如任由發展下去，勢必演變成基竹老兄弟與啟禮之間的自相殘殺，將毀滅竹聯與啟禮。

在情況錯綜複雜而危機四伏的千鈞一髮之際，我當機立斷，首先勸說與安撫基竹吳系及各系，不要因誤會導致老兄弟間的自相殘殺，毀掉大家以鐵血拚鬥近三十年打下的天下，竹聯不能自毀長城。基竹各系兄弟雖然氣憤難平，但由於與我多年同生共死的堅固感情，對我一向尊重與支持，也只能接受我的善言。同時，我跟肥婆、馬面見面懇談，希望他們以大局為重，不能跟啟禮火拚而同歸於盡，並嚴厲管束各堂不得對啟禮派的小弟有任何行動。

在此關鍵時刻，我到啟禮辦公室與他懇談。我說：「外面的情形你也清楚，事情再發展下去，你派去的小弟性命一定不保，這對你的顏面也不好看，現在火拚起來，竹聯的大好局面與你將毀於一旦，我想這都不是你我想要看到。你我都是做大哥的，做大哥要有做大哥的胸襟與氣度。」

啟禮當然了解這種危機四伏、一觸即發的危險局勢，但顧及顏面而騎虎難下，見我出面來調解這個危機，他在面子上就可以交代而有臺階下。其實他也為我著想，我當時統領中和鄉（竹聯）老、中、青、少全體兄弟，當前的危機如不解決，那我也難向全體兄弟交代。

啟禮回答：「那要怎麼辦？」（意即接受我的和解安排）我說：「我們四個兄弟一起吃頓飯，那外面所有的謠言禍害就煙消雲散。我現在就打電話給肥婆、馬面。」啟禮馬上點頭同意說：「好。」隨後啟禮開車，我們一起到約定的餐廳，肥婆、馬面早已在門口等候。

我們在一間包廂內就座，我說：「兄弟的情義重於一切，其他的就不用說了，我們一起舉杯乾了！」四人起立舉杯一乾而盡。一場腥風血雨的危機就這樣幸運的化解，啟禮與基竹兄弟都接受了我的「善言」，避免手足相殘的悲劇上演，竹聯從此走上平穩的發展之路。

9 歐帝威事件看似獨立的偶發事件，但再加上早期的其他原因，才導致此次竹聯內鬨。竹聯建幫時年齡較大的，大都是來自於中和幫的兄弟，以民國三十年次的周榕為長，他為人平和，當時的資歷和年紀也較老，兄弟推舉他為老么。竹聯自認為中和鄉的繼統，而中和鄉老大是在獄中的孫德培，所以就把老大的位置留給孫德培。由於大家的年齡相近，沒有老大且兄弟都是平起平坐，並沒有確切的領導中心，這個原因也是為什麼早期的竹聯沒有較強對外作戰能力、往後各派系山頭林立，而早期老兄弟之間發生凶殘的內鬨，也無人能夠制止和處理的原因，是竹聯早期的一個嚴重隱患。

我到竹聯主持後，主張全力對四海作戰，全幫一致對外，把注意力由內部轉為對外，這幾十年來竹聯就沒有發生內鬨、自相殘殺的事，到了民國七十幾年的歐帝威事件，幾乎要全面引爆這個久遠的隱患。

新文山建立時來加盟的老兄弟，有九成是與我有關係而邀請來的兄弟、同學、朋友、鄰居等，所以它的領導與作戰中心從開始就合而為一且自然形成。新文山當時很快就形成戰鬥力，對四海陣營攻擊，這與竹聯建幫初期沒有領導中心較有不同，也影響到竹聯的對外作戰與內部的團結。

10

老舊黑社會幫派走入歷史前的最後掙扎——李存果報弟仇

李存果為人重義輕財且豪邁具親和力，是三張犁幫（海盜幫）的老大，也是民國四〇至七〇年代，臺灣江湖上刀劍冷兵器鐵血歲月裡的知名豪傑之士。

我與存果有幸義結桃園，這還要回憶到半個多世紀前的民國四十七年十月下旬的一個傍晚。經由馬祖德與侯湘霖牽線結緣，我與啟禮代表竹聯到三張犁，與李存果、馬祖德、徐根林、侯湘霖結拜聯盟，那時正值四海突擊中和鄉豫溪路口得手，小弟陳思景斷手之事不久，是竹聯比較艱難、需要支援的時刻。

李存果與三張犁兄弟均是性情中人，義無反顧的在第二天下午即發兵西門町進擊四海，李存果也數次親自到中和鄉，表示對竹聯兄弟的堅定支持。他劍及履及，當面告訴小弟陳思景：「這杯酒我一乾而盡，今晚就去堵四海替你報仇。」當夜就到建國補習班堵擊四海，並在西門町追砍四海至漢中街派出所。之後，三張犁、竹聯、文山、北聯（之前我已代表文山、竹聯與北聯兄弟結盟），促成四幫聯盟而形成「反四海陣營」。

這使得四海多面受敵，其無往不利的個別擊破戰術遭遇挫折，讓我從容改變戰術，使竹聯的消極防守轉變為積極出擊，積小勝為大勝，並培訓新人增強戰力，為往後的復仇提供時間與空間。對於李存果與三張犁兄弟在關鍵時刻對竹聯雪中送炭的情義，我與兄弟們是不會忘記的。

我與存果都身處過冷兵器時代，經歷鐵血的洗禮，完全憑藉勇氣與智慧拚殺出來，在過去六十餘年的滾滾時間長河裡，李存果英姿煥發，屢挫強敵，是當年「反四海陣營」主盟者中，唯一仍在檯面上的冷兵器鐵血豪傑。

而李存果為了報弟弟李大雙被殺之仇，排除艱難、鍥而不捨，終於親手砍殺了陳玉洪（義宏），為社會上所稱道的「兄報弟仇」的一種節義行為，震動了整個江湖。

單打獨鬥，難成氣候

陳玉洪是老舊黑社會**南京幫**的成員，為人直率、勇悍，但容易與人發生磨擦和衝突，可說在江湖上糾紛不斷。陳玉洪也是臺灣老舊黑社會裡，單打獨鬥人物的一個代表，個人打鬥拚殺能力較強。

例如民國四十年我在桃園國小就讀時，由衝突、打架而相識、結拜為我第一個兄弟的八號仔，是桃園早期少年幫派的首領人物，個人的打鬥拚殺能力很強。我讀初二時他在桃園大廟口用童軍刀捅殺了一名少年，在外島管訓多年，到民國五〇年代中期才釋放回來；另外也在臺北赤手空拳的一拳打死人。

他的江湖經歷與中和鄉的孫德培有點相似，都是因殺人入獄多年，而孫德培出獄後，採納了與我交情很好的老兄弟趙鴻飛（老文山兄弟）與幾位當年老兄弟的善言建議，不再涉足江湖、退出這個圈子。

這也是一個明智的抉擇，因他與李振家、饅頭（竹聯唐家三姊妹的大哥）因南昌街周天送被殺血案入獄，到出獄時已事隔多年、人事全非了。孫德培先從事假髮業生意，後來成為成功的商人，是一個很好的人生結局。

八號仔出獄與我再次相逢時，我們從不懂事的少年，成為二十幾歲的成年人。他仍舊重回江湖，但臺灣江湖生態早已不是民國四〇年代初短刀、飛輪、鋼絲鞭的單打獨鬥時期，已是外省學生幫派與本省地區角頭幫派的天下。

另一位是我初中時期的結拜兄弟黃龍，為人敦厚、講義氣，也能打能拚。以上列舉的這幾位人物，本身無論體格、素質與個人能力都很出眾，且擅長個人的單打獨鬥，但沒有參加或依託幫派的群體組織力量，也沒有運用組織，建立起以自己為基礎的力量。沒有組織的力量，單憑個人的體能，無法在群雄並起且人才濟濟的江湖上脫穎而出，成為有氣候的人物。

我舉兩件陳玉洪與人發生衝突的事件：一件是文山有位兄弟與他產生磨擦，陳玉洪就一拳幾乎打爆了這位兄弟的眼睛。我了解後即交代當時文山的負責人李國琪（新文山第三任老大，國琪是一員刀劍戰將，在四幫混戰期間也立下不少戰功），命他先保護這位兄弟，且暫不對外張揚；同時令掌法張鶴、老么涂世欽挑選人員，組織一個突擊小隊。對付陳玉洪這樣個人拚鬥能力強而凶悍的人物，絕不能輕敵大意而招致自己的損傷，應選擇適當時機襲擊。

在大約過了兩個星期左右的一個夜晚，得知陳玉洪與幾位老兄弟在中華路大廟（日據時期的日本神廟，後來已拆除）的前院空地上聊天，張鶴、涂世欽率領突擊小隊迅速到大廟，衝向蹲坐地上正在閒聊的人們。張鶴一刀砍向陳玉洪，陳一閃而過，且竟雙手緊緊抓住刀刃不放，妄想空手奪下張鶴的武士刀，正在張鶴驚訝且雙方糾纏的緊要關頭，涂世欽趕到，一刀砍中陳玉洪的手臂，陳才不得不鬆手放開緊握刀刃的雙手，然後奔跑而去。

由張鶴、涂世欽領軍，且突擊小隊成員均是文山幹練兄弟，陳玉洪在這種狀況下受到突擊，竟還能**雙手緊握刀刃不放，意圖奪刀反擊，其鎮靜勇悍不是一般常人所能及**，若他手中握有兵刃則極難對付。

事後，張鶴向我報告戰鬥狀況，他也想不到陳玉洪在受到突擊時，竟還敢空手奪刀，當時嚇了一跳，好在涂世欽的及時一刀，可見張鶴與涂世欽的平時默契、配合得不錯。在竹聯與牛埔激戰於香港西餐廳決戰夜，我還特別調世欽參加戰鬥，是據守香港西餐廳內線戰鬥的一員。他為人純厚，與朋友都相處得很好，戰鬥經驗豐富，在新文山中生代裡是優秀的兄弟。

由這件事可以看出，陳玉洪不僅擁有單打獨鬥的能耐，還具有超乎一般人的勇氣，決不是一般兄弟能輕易對付，如果是一對一的公平拚鬥，十之八九不是他的對手。

我的一位老兄弟、老四海老大也曾跟陳玉洪發生言語衝突，陳後來被四海兄弟好好修理了一頓。陳是個吃不了虧的人，心中忍不下這口氣，但基於四海勢大人眾的現實，也只能一時隱忍下來，但陳懷恨在心，等待時機報復。

終於在一個風雨之夜，陳玉洪得知這位老大在華都舞廳跳舞，就埋伏在舞廳下面，見這位老大帶著酒意從舞廳樓上下來，陳即揮刀砍向這位老大，重傷了他的腿骨。我得知後在第二天下午到醫院探望這位兄弟，他躺臥在病床上沉默無言，我慰問傷情，他點頭稱是。

我這位老友成名於民國四〇年代中期，與老四海老大寇保同為當時四海的領軍人物，四海在那時期能縱橫江湖，這位老大功不可沒。他成名早，在江湖上聲望高，頗受人敬重。早期四海對中和鄉的兩次重要戰鬥：一次是在臺北工專對萬字幫潘世明（小潘）、錢順凌（小錢）、大潘、財多等兄弟的包圍戰；一次是在中和鄉橋頭「寶泉冰店」對竹聯的突擊戰，他與寇保都是主導的領軍人物，是學生幫派時代在冷兵器鐵血戰鬥中鼎鼎大名的豪傑，陳玉洪竟敢冒此極大風險，向這位老大偷襲，可見他衝動起來的凶狠，並非一般人能相提並論。

陳玉洪不靠組織、團體的力量，憑藉個人傑出的能力與凶悍，在江湖上闖出名號，在臺北西門町一帶占有一席之地，是老舊黑社會在臺灣刀劍時代的一個代表，為江湖上的一個狠角色人物。

他最終被李存果斬殺，這時老舊黑社會裡最後單打獨鬥的人物走入歷史。遷臺的老舊黑社會在臺灣刀劍的時間長河裡，終究敵不過民國四〇年代興起的學生幫派與臺灣當地傳統角頭（地緣）幫派，被澈底淘汰出局；而隨著時間的推移，學生幫派與傳統角頭幫派也逐漸轉變為黑社會性質幫派。

在世界幫派史上，也僅有臺灣的學生幫派強壓在老舊黑社會幫派之上，因為臺灣當時是戒嚴地區，當局決不允許任何民間組織、社團擁有及使用大量槍械，在刀劍冷兵器時期，老舊黑社會幫派在無法使用大量槍械的條件下，單憑冷兵器無法戰勝有組織、人員眾多且具有豐富鐵血刀劍經驗的學生幫派。民國四〇年代初的廈門幫與安納、青島幫、南京幫等，只是曇花一現，早已被世人遺忘。

砍斷手腳，手刃殺弟仇人

在刀劍冷兵器時代即將落下帷幕之前，**李存果與陳玉洪的殊死戰鬥標示著，冷兵器時代裡單打獨鬥階段的一個終結；而竹聯與四海激戰東王西餐廳則是群體刀劍戰鬥的一個落幕**。我認為李存果為弟報仇，砍殺老舊黑社會南京幫的凶狠人物陳玉洪，也是老舊黑社會幫派走入歷史前的最後掙扎，是震動了整個臺灣江湖的大事。

我與李存果一直有聯繫，是比較有來往的老兄弟。我雖然退休了，居住在上海，偶爾還是會和李存果通電話，談談當年往事。上次我回臺我們也相聚暢談，在徵得他的同意後，撰稿敘述這件江湖要事，由存果親口講述整個事件的過程。

民國六十八年陳玉洪在華僑舞廳與李存果起了一些爭執，並進而發生衝突導致雙方互毆，陳被李存果打了一拳、踢了一腳，陳在現場吃了點虧，當場被幾位兄弟拉開，雙方因此而結上樑子。

但隔天兩人被王姓老大哥勸和，並在今日公司七樓的一個江浙館餐廳，雙方把酒和解。酒席結束後，李存果被一位三張犁兄弟帶到舞廳跳舞，但存果一直覺得心情無法平靜，因為存果的弟弟李大雙被陳玉洪等人請到其他舞廳跳舞。存果一直打電話給弟弟，但都打不通，打了兩個小時到晚上十一點半時，竟然傳來噩耗：李大雙被陳玉洪手下小弟用扁鑽刺死，因為當天大家都喝了不少酒，李大雙與陳玉洪的小弟因敬酒引起口角糾紛，造成大錯。

這件不幸事件，也許不是陳的本意，但陳當然要負全部責任，陳也知道闖了大禍，就請多位幫派名人如陳啟禮等人士出面和談。只要能和解，陳玉洪願做任何的賠償，然而，李存果做出坦率的回應：「不用賠了！**有本領就找回來！沒本領就收起來！**」言明非要取陳玉洪的性命不可，任何所謂「賠償」就是免談。

陳知道和解是不可能的，也只好小心戒備。陳後來開始隨身帶了一把短武士刀，幾乎刀不離身，為保性命而準備與李存果一拚。前面說過陳玉洪是老舊黑社會在江湖上僅存的凶悍人物，李存果是刀劍冷兵器時代能獨霸一方的豪傑，雙雄勢必有一場你死我活的激烈拚殺。

由於李存果與本省各地角頭幫派關係良好且有交情，所以三大角頭高雄、板橋、臺中都派出一名殺手來殺陳玉洪，且命令他們必須達成任務才准回來。這三位殺手也跟隨著李存果，直到李存果砍殺了陳玉洪，才各自返回角頭覆命，可見江湖上如此重視這件事，三大角頭也對李存果仗義協助。

表面上看來，李存果無論在公理與形勢上都占有壓倒性的優勢，好像取陳玉洪性命是一件「手到擒來」的容易事。但事實並非這麼簡單，陳玉洪除了具有突出的個人刀劍拚鬥能力外，秉性勇悍凶狠，若他的手中握有刀劍，並非一般殺手能輕而易舉的取他性命，尤其他拚起命來，就更是難上加難。他那時身陷不利狀況，在心裡也做好準備與李存果決一死戰。

李存果除了是刀劍的高手，另有一優點，就是不因自身能力高強就輕視對手。他從不驕傲、小看對方，因為從冷兵器時代成長出來的人物，都是靠一刀一劍的真本領拚殺出來，在雙方公平以刀劍的拚殺中，鍛鍊出謙虛與尊重對方的品性。李存果是以四維八德為立身處世原則的人，一向尊重江湖道義與倫理，具有那個時代人物的優良品質，雖然這種品質在日漸流失，但它仍是一種普世公認的價值。

所以李存果從根本上，就沒有小看這個極難對付的凶悍仇家，他事先做周詳的準備：李存果以自己兄弟小周（周之運）、小蔣（飛鷹兄弟）、小白及三大角頭派出的殺手，組成一支頗具殺傷力的突擊小組，作為剷除陳玉洪的尖刀部隊，隨時待命出擊。

另外，李存果在各方面探詢陳的行蹤，陳在發生事情後行蹤隱密，很難確定他的落腳地點，但必須掌握陳玉洪的行蹤，突擊小組才能出擊。李存果認為要順利誅殺陳玉洪，必須以迅雷不及掩耳之勢，對陳發起突擊以攻其不備，不讓陳玉洪有任何反擊的機會，如有給陳任何機會，則己方人員可能有所損傷，甚至陷入苦戰，所以存果決心以突襲方式攻擊陳。

李存果一共突襲了陳玉洪三次，但前兩次均無功而返，沒有堵到陳玉洪。到了第三次，李存果一得知殺弟仇人陳玉洪在中和鄉鄧玉樹家裡，就立即帶了突擊小組趕赴鄧家，到達後看見前門裝有鐵門，並遇到金門（外號）。

存果只問：「在不在？」金門就點了點頭。存果要小周、小蔣等兄弟拿武士刀、強損堵在門前，而自己跟小白等兄弟就慢慢的轉到鄧玉樹家後方，從排水管直接爬上四樓（頂樓），他一跳進後方廚房的陽臺，就聽到屋主鄧玉樹與陳玉洪的講話聲。

存果一聽仇人之聲，不禁火冒三丈，一腳踢向房門，房門是向外開的，門板仍被存果踢破。之後存果隨即拉門衝進廚房，陳玉洪發現即逃向客廳，並抵住房門把手，存果一刀刺入門內，陳只好退閃，存果就殺進客廳，陳拿起椅子意圖抵抗，存果第一刀連椅帶頭劈下，劈碎椅子砍進頭部近三分之一，第二刀砍斷陳玉洪的膝蓋，陳跌倒坐在地上，指著李存果說：「你好狠！」存果再一刀揮起浪人刀（日本浪人刀，是浪人持用，刀柄處無護手而輕盈、鋒利）將其左手腕砍飛。陳的一腳一手已被存果砍斷，小白再向陳腹部直刺一刀，穿透了腹部。

至此，存果就叫「撤！」大家就撤離了鄧家。于二哥（于克信）將陳玉洪抱起搭計程車趕往醫院急救，陳在車上說：「二哥，我不行了！」接著陳玉洪就斷氣。一代刀劍冷兵器時代的悍勇人物，就此撒手人寰，以刀劍單打獨鬥知名的老舊黑社會人物，退出了臺灣江湖的舞臺，走進歷史。陳玉洪並非壞到危害社會，我與他也有點頭之交，憑他魁梧的身材與勇悍的自身能力，若投身於任何有實力的學生幫派或角頭幫派，他都能出人頭地，可惜個人拚鬥能力再強，仍敵不過有組織的群體力量，終究成為時代潮流的悲劇人物。

本章記述臺灣刀劍冷兵器時代在即將落幕、走入歷史之前，兩位江湖知名人物以刀劍決一死戰。自此之後，臺灣江湖進入完全使用火器的槍械熱兵器時代。

刀劍冷兵器時代已是歷史往事，正如老兄弟袁雲剛在序中提到，我對刀劍冷兵器時代依依不捨的留戀之情，那段充滿刀光劍影的傳奇經歷，是我人生旅途中最難忘的回憶。在刀劍冷兵器時代，是可以憑個人能力以刀劍的公平拚殺分出高低，且以智慧指揮、調度兵馬而在作戰中取勝。

但進入槍械熱兵器時代後，江湖的整個生態也完全改變。我用日本文學家三島由紀夫的絕命詩：「生時麗似夏季花，死時美如秋落葉。」懷念我們那個已經逝去的美好時光。

11 四海陳永和被刺之謎

自從四海老大陳永和（大寶）在四海自己的海珍寶餐廳被槍殺後，就有各種不同的流言在江湖上流傳，一說是錢財、債務與土地糾紛引起，傳說是松聯某兄弟所為；也有人猜測是四海老兄弟見他賺得多而眼紅；也有傳說，陳永和捲入桃園一筆土地開發案的佣金問題，而被桃園角頭派出的殺手所刺。總之眾說紛紜，各種傳言的某一部分，其實是有心人故意放出來的煙幕，來轉移大家的注意力，而真正的幕後元凶另有其人。

轉變至槍械熱兵器時代

在永和出事的幾個月後，啟禮對大寶被殺這件事的分析頗有道理。我們是在某天下午時間談起，他說，大寶通常給人的印象是比較「軟」的，啟禮說的所謂的「軟」，是指處理事情不夠強硬，也就是對「事情」的反應與反擊不夠激烈，說得深入一點，就是反擊的報復力不能使對方有所忌憚而鎮懾對方。我舉個例子，假設有三個自己人聚在一起商量事情，有人提議要除掉某人，如果有人附議表示贊同，那麼這件事就有可能形成；如果當場沒有人表態贊同來參與這件事，那麼這件事就成不了而胎死腹中。

江湖上要殺一個人物，正是如此，雖然各幫派角頭的方式並非完全相同，但大同小異：有人提出，有人附合贊同，那就成事；反之，如無人來贊同，沒有人願意參加，這件事就不能成立。

而要殺掉「對象」本身的實力，也就是他能反擊報復的實力，是這些共謀者，事先要考慮「贊同」或「不贊成」的表態依據。如果這個要殺掉的對象，是軟弱而沒有很強的反擊報復力，那他就較容易被人殺掉，因為當時的江湖是弱肉強食、以實力定高下；若對象有很強大的反擊報復力，那麼參與其事的共謀者，首先也要考慮本身的安全，來決定做不做這件事。

從民國六〇年代的後期，也就是臺灣江湖刀劍冷兵器時代，已逐漸要過渡到槍械熱兵器時代，我這個從民國四〇年代後期統領眾兄弟，以冷兵器拚殺出天下的人物，已然不能老是留戀那鐵血刀劍的時光。因為在冷兵器時期，要來刺殺我與啟禮是較困難的，我們都經過鐵血刀劍的磨練，如有一把長兵在手，即使對方來三個人，不但不能得手，還有被砍倒的風險，且我們身邊不時有勇士護衛，他人要想成功攻擊並不容易。

進入槍械熱兵器時代，戰鬥情況雖已改變，但我們經過刀劍鐵血的洗禮，遇有任何情況均能鎮靜以待，且啟禮是槍不離身，我因不習慣火器從不帶槍，但我們各自的近身護衛都是熟練槍械的勇悍之士，即使對方冒險來襲，也難以攻擊。

但為了適應時代的轉變，與時俱進，我跟啟禮經過幾次商量，擬定了一套方法，準備「反擊機制」，就是一旦知道如果有人要對我們其中一人不利，我們就立即派出隨時輪值待命的「突擊小組」，小組成員均是後生代中的新銳，劉煥榮亦是小組成員，他們必須在短時間內處理攻擊者。

還有我跟啟禮約定，我們之中有任何一人被刺，另一人必定替他報仇，且兩人絕不同時出現在同一個公共場所。對方如要刺殺我們當中的任何一人，需要同時殺掉我們兩人，不然會立即遭到反擊報復。要殺掉一人就很不容易，要同時殺掉我們難度就更高了，且對方要考慮，我們的反擊報復能力，就是給人「硬」而不能「碰」的印象；沒有周密的反擊報復機制，就會給人「軟」的感覺。

在江湖走跳多年，總有一些恩怨，不得罪人是不可能的事，啟禮得罪過外面不少人，但考慮到我們的反擊報復機制，就很難刺殺。江湖上要殺一個人不會太難，但自己要受到報復的致命打擊，這會讓主使者與參與者多加考慮；而永和給人較「軟」的感覺，沒有極強的反擊報復力，使他人起了殺意。

啟禮對永和之死的分析有他的道理，且包含永和本身的內在因素：他因身材較瘦小，身體的生理條件不及一般兄弟，有幾次在外面吃了虧，我立即派兄弟替他找回來，啟禮也在場清楚看到兩次，所以他分析出永和一些內在不足的因素，也就是「軟」的印象。我們的那段談話雖已過去很多年，但啟禮對永和被刺的內外因素的分析和殺機的形成，自有他獨到高明之處。這兩位兄弟已往生多年，現在回憶起他們的往事，仍使我不禁感嘆。

天道盟的形成

當時江湖上也有一個傳言：陳永和是被美國紐約的C槍殺。**先從C說起，他出身於三張犁李存果統領的海盜幫**，後來去美國東岸紐約後加入「安良工商會」（美國東岸兩大僑社安良、協勝，是屬於洪門系統），安良當時遇到一個棘手的麻煩官司，只要起訴方的證人出庭指證，這件重要官司就必定敗訴，只有消滅證人才能逆轉這件案子，但安良不管用盡所有方法，就是找不到證人的蹤影。

於是安良設計了一個圈套，就是己方律師運用法律條文，逼使對方的證人必須於偵查庭作證，也就是說，對方的證人必須出現在法庭上。此方法果然奏效，就在對方證人出席第一次偵查庭時，尚未完成指證程序，走出法院幾百公尺，突然被一個迎面衝來的人連開兩槍擊斃，槍手在一陣混亂中竟然冷靜的脫離現場，有人看到是C，但在美國沒有人願意出庭作證。這關係到自己的生命安全，所以當然沒有人會願意出庭作證，來指證C所為。自此以後，C在安良及美東紐約展露頭角。

C即使到美國後也常回臺灣找他的莫逆之交，也是北部某地區的兄弟，他這位兄弟也會去美國紐約看他。C回臺也會拜訪一位江湖角頭老大，他**出身於文山區，是文山兄弟D**，屬於會動腦筋的江湖人物，不是完全依靠冷兵器在江湖拚殺的類型，而是運用智慧在江湖、社會上周旋。

江南案發生後，當局為了掩飾派啟禮去美國刺殺江南，並於民國七十三年實施拖延已久的一清專案，全面逮捕臺灣江湖各幫派的重要頭目與首領。

被一清專案波及而掃入獄中最多的是竹聯兄弟，人多勢眾就免不了在獄中以勢壓人，前面說的D也感受到竹聯的仗勢凌人，心裡有所不滿，所以和其他兄弟商量合力組織一個聯盟形式的幫派——天道盟。

想形成組織，最根本的要素就是人，如果沒有人，那就一切免談。一個幫派的領導者也很重要，他必須善於了解他人、發掘他人長處，然後運用與掌控人。通常組織是由如親朋好友、鄰居、同學等，和領導者較接近、有關係的人組成，而形成一群人互相幫助，並由多次的打鬥經驗逐漸形成戰鬥力，需要一段時間養成。

在刀劍冷兵器時代，要培養一個人成材，最快也要一到兩年，慢則兩至三年才能獨當一面。要形成一個能對外戰鬥的團體，需要具備諸多因素，領導人得具有指揮、調度、培訓他人的才能，以及有充足的時間讓組員累積打鬥經驗。形成一個幫派後，對外還要經過刀劍鐵血的磨練與考驗，且整個過程中充滿風險與變數。

想組成以及訓練出一支自己的子弟兵，最快也得三、四年，若要形成當年如新文山、竹聯、血盟這樣戰鬥型的幫派，沒有五、六年是絕對做不到的，而且這三個幫派都有它自己的傳統與基礎：新文山傳承來自老文山的優良傳統與其良好的組合；竹聯繼承了中和幫的戰鬥精神；血盟來自於老血盟的和睦團結與倫理、中生代的勇敢善戰。

另外，即便有一支能戰的隊伍，但如果沒有一位好的指揮官，就如大公司沒有好的CEO，也無法發揮隊伍的實力。一個有能力和經驗的領導者，也需要經過大大小小的戰鬥和時間累積經驗，這些都無法一步到位。

而D運用他的智慧，竟能想出**把江湖上不同幫派內具有實力的現有力量組合起來，形成集結不同力量的聯盟形式幫派**，且各幫派只聽命於D的號令。臺灣江湖上最早首創的不同幫派同盟，是我與啟禮創建於民國五〇年代初期的忠義盟，以新文山、竹聯、血盟與各幫派的主要人物來加盟，均是以個人名義入盟，並不和自己的人馬有牽連。加盟的兄弟都與我有良好的關係，是一種單純實現道義的同盟，不像往後臺灣江湖上，以金錢、利益作為組合動力的一些聯盟。

對於該聯盟的組成方式，啟禮舉了一個淺顯易懂的例子：人餓了要吃東西、填飽肚子，吃一碗有講究澆頭（加在飯或麵上的菜）的大滷麵或泡麵，都是為了充飢這個目的；做一碗從採買肉菜到精緻的大滷麵，或沖泡幾分鐘就可以吃的泡麵，兩者為了吃飽的目的相同，只是料理過程與品質不一樣。

D有效的運用了金錢、物質，把江湖上現有的幾股力量，快速組成他的基本力量，在臺灣江湖上立即占有一席之地。該聯盟與力量的存在是一個事實，它起初主要是用於處理商業界的一些糾紛，而不是一般幫派在江湖上的恩怨、拚殺。不得不佩服D能運用金錢與智慧，縮短組成一支戰鬥幫派需要用的時間，且迴避了所有的江湖風險，這是D高人一等的地方。

禍從口出，引來殺機

某個掌權者見國民黨兩蔣的威權時代已經過去，黨已無法完全掌控地方派系與選舉，那麼國民黨如何掌控臺灣民主價值中最重要的選舉？早年的臺灣選舉離不開金錢，尤其在中、南部如果錢不到樁腳撒下去，部分的選票是出不來的。如果各候選人都具備相等的條件，最後決定勝敗的因素就是金錢。

由於金錢在臺灣選舉具有很大的重要性，故這位政壇掌權者，就想出以黑金的方式掌控選舉與地方派系。

所謂黑是黑道的江湖黑社會，金是金錢、鈔票，臺灣在那時候的各種選舉，除了基本花費，還需要大把的鈔票用來買票，但樁腳已不像早年守規矩。樁腳把票賣給甲，又把票賣給乙和丙，本來答應開多少成的票，但出來卻只有三成多，所以光把錢撒下去還是靠不住，這時候就要靠黑——若**樁腳不依約定開出選票的幾成，那就要斷手斷腳**。

所以黑與金是相連的，光靠金而沒有黑，就無法掌控選票，而黑金的互相運作，使選票較能掌握，取得一定的效果。這位權勢人物任用D，並利用黑金政治的運作，讓選票達到預期的效果，因此這位權勢人物認為D有他的用處，對D有進一步的信任。

永和一向不喜歡這位權勢人物，有次在某一個公開場合發牢騷，順口無心的說出：「幹掉他！」意即要殺掉這位權勢人物。這也許是永和隨意的一句牢騷，因為如果真的想刺殺這位權勢人物，事先也不會聲張，且絕非像殺一個江湖人物那麼簡單。

這類人士身邊都有多位警衛、隨扈保護，要接近就不容易，若從遠距離射殺，需要精密的遠程槍械與高超的射手，有賴專業的人士操作，在臺灣難以找到，還需要從外國引進。另一種可行的刺殺行動，是有不惜犧牲自己的敢死之士，靠近這位權勢人物來拉爆手榴彈與其同歸於盡，但需要有這樣的勇士以及接近目標的方法，這都不容易。

若真要進行刺殺行動，在準備上必得大費周章，永和還不一定能全盤掌握。我猜測他說的話，只不過是洩憤的氣話，但說者無心，聽者有意，傳到權勢人物的耳裡當然冒犯到他，那時他已掌握大局，當然不允許民間有這樣挑釁的話語。

權勢人物是善用權謀的智者，能做到喜怒不形於色。他決定要暗中教訓陳永和，於是召見D，要D處理這件事，D受命後就叫來人在紐約的C。

這是D聰明的地方，四海在江湖上是數一數二的老牌大幫，在內有它的基礎，在外有很強的戰鬥力，要是硬碰硬，不但吃力不討好，而且對方必定報復，那自己就永無寧日、麻煩不斷；同時，派臺灣兄弟「辦事」，有個致命的缺點，就是事後難以保密，有機密外洩的可能，一旦失敗被捕，就會被警方偵破。

而D選擇境外的C來辦這件事是適當的人選，一是C來去無蹤，且他在能力、膽識、經驗、智慧方面都綽綽有餘，加上事後沒有洩密的可能，更不會留下任何證據。即使警方判定是C所為，美臺兩地也沒有引渡條例，警方不可能從紐約引渡C來臺審判。D選擇C刺殺永和是經過思考的周詳人選，而C也不負期望，果然智取陳永和的性命，乾脆俐落的達成任務。

四海在自己的餐廳內有防範措施，像是布置四海兄弟與槍械，但C略施計謀，使警察知道餐廳內有槍械，於是警方很快的搜查餐廳有無槍枝、武器，四海在一緊張之下，就立即撤除在內的警戒及槍械，卻沒有隨即把人員、武器布置到外面的暗樁、騎機車的機動人員，以防敵人對餐廳突然襲擊。

四海自以為沒人敢來突擊，以致犯了大錯。C解除了四海在餐廳內的防衛措施，而四海以為憑著人多勢眾，沒有人敢到四海地盤鬧事，大意到沒有在餐廳外面設置必須有的人槍，來保障餐廳內兄弟的安全。

在江湖上的事，往往都是由一件小事先引起，例如，竹聯與四海在東王西餐廳的激戰，就是在起因於雙方兄弟在東王發生的小磨擦，但隨後雙方和談、消除誤會，不過當時我回臺獲得消息後，覺得事情沒有這麼簡單，立即下令準備戰鬥，讓四海對東王西餐廳和堂的突擊無法得逞。所以一有了兆頭，就必須立刻提高警覺與戒備。

既然前幾天有警察來臨檢，那當然是有所原因，面對此事必須提高警覺、注意安全和加強外圍的控制，並擬出相應的措施。但由於四海大意，造成不可挽救的過錯，犧牲了陳永和與一名老兄弟。

一聲「寶哥」命喪黃泉

據說C的刺殺計畫是由他單槍匹馬進入餐廳，並直接在四海專用的包廂內刺殺陳永和，且他同時配置了兩名手持烏茲衝鋒槍的槍手，在門口掩護與即時火力支援，以防萬一C在餐廳內刺殺陳永和遇到阻礙，兩名烏茲槍手能立即衝進餐廳對人掃射來支援C。

C進入多人聚集的包廂後，不需要辨認哪個人是陳永和，聰明的叫了一聲「寶哥」，永和抬頭應了一聲，就確定目標並對永和連開兩槍。

包廂內眾人見狀趕緊躲在桌下，旁邊包廂的老四海兄弟藺磊俠聽到混亂聲，就拿起一把椅子過來詢問：「什麼事！什麼事！」此時C亦開槍將藺擊倒，然後從容不迫的離開現場，期間並沒有遇到任何的攔阻或狙擊。

藺是刀劍冷兵器時代的老兄弟，遇到各種事都能不畏懼的鎮定以對，因為在刀劍冷兵器時代，敵我雙方是各憑本領與勇氣的交鋒對決，即使無刀在手、居於絕對劣勢的一方，也能以經驗和膽識拚命；但若對方持有槍械，則無槍的一方是必死無疑。槍械火器時代已取代了刀劍冷兵器時代，這是無法逆轉的時勢。

在永和出事前約一年左右，我正好從美國經過臺北要到上海，永和[10]很客氣的設宴款待，地點就設在四海的海珍寶餐廳和這間包廂。

他請的都是跟我關係很好的老兄弟，如陳功、劉西平等多位，我帶了兩位負責貼身護衛的文山新秀阿勇與青山，阿勇是當時在任的文山統領，向幫主李松林負責。透過那次聚會，陳功與永和各給了一個案子給阿勇。所謂給案子，就是給兄弟辦案子的賺錢機會。

後來D資助了阿勇幾千萬元，阿勇帶文山的幾百名兄弟加盟D組織的聯盟。李松林對阿勇的作為難以諒解，我安慰他說：「D也是文山的老兄弟，阿勇這樣做也是為了增加資源或是解決自己的急迫問題，只要心仍向著我們的，那還是一樣是自己的兄弟。」但松林仍久久不能釋懷。

D叫阿勇辦事，阿勇當然跑得快，我差遣阿勇，他也盡心盡力去做，雖然在民國八〇年代我已不管江湖事，但很多跟隨過我的兄弟，是擁有兵將的實力派，我在江湖上仍有一定的影響力。

陳永和被刺殺的前因後果，與幕後的策劃者、主謀者，以及C的刺殺規畫，這都是絕對的祕密，到目前為止，人們只知道C殺了陳永和，但並不知道真正的原因與幕後人物。

那我又如何知道這件震驚江湖大事的幕後祕密？前面提過C在臺灣有一位過往甚密的兄弟，而這位兄弟又與我的一位老弟是十分親近的兄弟，他把整個事情告訴我的老弟，這位老弟再全盤告訴我。

10

永和跟我有較深的交情，在他年少成長階段的民國五〇年代前期，就常進出我家新生北路三段孤兒院。他身材瘦小、身體羸弱，比一般兄弟的身體條件來得單薄。但我鼓勵他：「打架、戰鬥並不是全靠身體條件，運用腦筋與智慧，才是更重要的，你身體條件雖然差一點，但可以靠自己的努力彌補。」他也答應要以加倍的努力彌補自己的不足。這些話雖已時隔五十多年，永和亦過世多年，但回想起來仍歷歷在目，他少年時的形象浮現於眼前。

到了民國五〇年代中期，永和在江湖上有點名氣，要做的事也就變多了，有兩次他在下午吃了點虧，我即派兄弟在傍晚替他找回來。整個過程恰好啟禮都在旁邊看著，啟禮就說：「你這樣的支持大寶，他以後一定能混得出來的。」

我的兄弟從早期的民國四〇年代末至五〇年代末，都是以新生北路三段孤兒院我家為中心，進出的兄弟眾多，慶暉在早期也在那裡與永和碰過幾次，但互相只是點頭之交，並沒有什麼來往。

在民國五〇年代的後期，竹聯的新生代都在新生北路三段孤兒院的基地培訓，老、中、青、新的兄弟多有進出，當時竹聯的掌法毛弟也在那裡遇見永和，毛弟就很好奇的問我：「四海大寶怎麼會在這裡？」我平淡的告訴他：「大寶好幾年前就在我這裡進出了。」所以，永和也與不少竹聯兄弟見過面、認識。

12 竹聯冷面殺手劉煥榮之死

劉煥榮這個在江湖上有「冷面殺手」外號的兄弟，也是在當時各堂眾多兄弟中，少數有緣跟我接觸的人，我記得好像是**啟禮推薦他，來擔任我的近身護衛**。

對劉煥榮的初次印象

我的近身護衛，一向是由民國四〇年代後期或民國五〇年代初期的老兄弟負責擔任，都與我關係深厚、有交情，具有很高的忠誠度，且在危急情況時，能替我擋刀子、擋子彈。但當時這批老兄弟的年紀也不小，有的早已是獨當一面的人物（文山、竹聯、血盟、北淡線上，各幫派都有），已需要更換新血。

啟禮一定很看重劉煥榮，兩人的關係也很好，劉煥榮跟隨在啟禮身邊的這一段時間，很受啟禮重用。據我所知，對一些特別與高度保密的任務，啟禮都是交給劉煥榮執行，例如派他去刺殺中部、南部的幾位角頭老大，做得神不知鬼不覺，除了啟禮跟我知道外，無任何人知道這些事。

我對劉煥榮開始有印象，是來自他刺殺桃園大樹林幫老大楊柏峰。劉煥榮趁他們參加葬禮時，先在現場開槍，出殯行列現場頓時大亂，劉煥榮此時先離開。在他們以為狙擊者已離開，出殯隊伍恢復秩序後繼續行進，此時劉煥榮如旋風一般突然再回到現場，衝向楊柏峰並開了一槍，楊中槍受傷後，向稻田奔避，劉從容追上向楊再補上兩槍，將他射殺，然後劉煥榮不慌不忙的離開現場，讓現場眾人驚訝不已。

桃園各幫派兄弟都非常凶悍，他們在過去長久以來的血腥內戰中，早已使用火器槍械殘殺。劉煥榮槍殺了桃園幫派的老大楊柏峰，且能從現場全身而退，也絕不是一般兄弟能做得到，需要有過人的膽識與矯健敏銳的身手。

劉煥榮出生於臺中市北屯區眷村「陸光八村」，是家裡的老么。民國三十八年國民政府遷臺，絕大多數中、下級軍人眷屬都是居住在眷村，只有極少數高級將領才有房舍。這次的大遷移澈底改變外省人的命運，土地、房產帶不走，金山銀山也會坐吃山空，所以外省人在各種生活條件上，就比當地本省人差。

劉煥榮幼時的家境也不好，以在市場販賣水果維持生計，但受到地痞流氓的欺壓，水果攤子也被砸多次。一般來說，當人受到欺負時，會基於自己當前的環境與條件做出兩種反應，一是只能隱忍下來，二是向對方反擊。

當時身形瘦弱的劉煥榮，不具備反擊對方的條件，一時只能屈就隱忍，但他內心是想反擊這種不合理的對待。人們常說一個人的性格，決定一個人的人生走向與成敗。到了劉煥榮的高中時期，他參加了當地的幫派組織，依附團體的力量。這也使他走上這條江湖不歸路，改變他的人生旅途與結局。

一個你死我活的殘酷時代

劉煥榮身處的江湖生態，早已從刀劍冷兵器時代進入了火器槍械的熱兵器時代，兩個世代的江湖生態也不盡相同。使用刀劍容易掌握下手分寸，在互相拚鬥的厮殺中死亡率較低，較嚴重的是砍斷手腳或重傷殘廢，在刑責上也比使用槍械輕；使用槍械發射出的子彈其殺傷力極大，開槍者難以掌握下手分寸，往往會傷及對方性命。

火器槍械時代，你不殺死對方，對方就殺死你，所以是你死我活的殘酷時代，弱者也能射殺強者、下級也能殺死上級、小弟也能殺死老大，尤其本省角頭萬華芳明館首開小弟殺大哥的先例。

兩個世代有本質上的不同，前者為道義拚殺，後者為生活與利益搏命。

民國四、五〇年代的學生幫派在經過初中、高中兩個學業階段，大都升學進入大專院校、軍事學校或工作，在畢業後服務社會或出國留學；後者的世代是以生活與利益為核心，參加幫派傾向職業性行為，一旦進入可能就不能回頭。劉煥榮就是在競爭殘酷的火器槍械熱兵器時代進入江湖舞臺，他為了自身的生存曾開槍射殺多人，被列為臺灣十大槍擊要犯之一。但劉煥榮**殺的都是江湖道上的人物，從未殺過一個不是道上的人**，即使曾涉嫌參與菲律賓臺商陳南光兄弟滅門血案，但據他坦誠告訴兄弟，此案並非他所為。

劉煥榮是由忠堂堂主董桂森（小董）延攬加入竹聯幫，小董是位重情義的兄弟，劉煥榮也是重江湖道義與倫理的兄弟，物以類聚，兩人成為交情非淺的莫逆之交。

當時與劉煥榮能力相近的各堂兄弟中，有十七、八位被挑選出來，組成幾個突擊小組，專門執行重要突擊任務，且均對內外嚴格保密，僅我與啟禮知曉。

我會對這位跟我年紀相差十七歲的小兄弟有深刻印象，是因為他開始隨侍在我身邊時，我發現他對自己的工作十分負責，且又謹守本分。他的主要工作是在我外出或到公共場所時，擔任我的近身護衛，而我是一個不過夜生活的人，既不喝酒，也幾乎不去聲色場所，所謂外出，也只是到我臺北市幾個定點之外的文山區、北淡區及桃園、中壢地區而已，中、南部很少去，到公共場所也僅是去餐廳、飯店與老兄弟聚會，所以他的工作比較輕鬆。

但劉煥榮對他的工作十分認真，在值勤時沒有一分一秒大意，他總是守護在房間門口的門內，隨時警戒著門外的狀況，警戒心非常強。他的身手敏捷過人，據說有一次他被三十多名警察包圍，但他不驚慌，從容不迫的從間隙中衝出包圍。所以門外的人若想對門內房間做任何突擊行動，除了先要闖過擔任外圍警戒的兄弟，還要過他這一關。

有時聚餐人數不多，且多是與我很親近的老兄弟，加上外圍警戒周全的情況下，我就會邀請劉煥榮一起用餐，但他會以職責在身而堅持婉拒；而且他從未插嘴或多話，我問他什麼，他就回答什麼，對老兄弟尊重並應對得體，所以我對他印象很好。

刺殺自己兄弟的危機

記得有一次他和我一起到桃園中壢，我召集了信堂等桃園地區的幹部兄弟，中壢信堂堂主番薯向我報告桃園地區的情形。他提到，四海目前在桃園地區招兵買馬，而四海後起之秀的現任老大劉偉民當時人正在龍潭，劉煥榮就向我請求殺敵，由他負責除掉劉偉民，以抑止四海在桃園地區的發展。

遠在民國五〇年代四幫混戰（文山、竹聯、血盟、四海各幫之間互相血腥混戰）的中後期，我在西門町的一家小旅館，好像是一位朋友把剛出道的劉偉民與他的弟弟介紹給我認識，我對他們的印象不錯，之後也見過幾次。一聽到劉煥榮想解決他，不免心中一驚，我就故意拖延時間，把這個集會拖長。番薯、煥榮雖然內心著急但又不能講，等會後他們趕去龍潭，劉偉民已先離開了，總算避過這一劫。

啟禮在人才濟濟的各堂眾多兄弟中，特別推薦劉煥榮給我，除了是因為啟禮很看重他，還有一個用意是希望我重點培養他，使他日後成為能獨當一面的重要幹部。

啟禮和劉煥榮的良好關係，後來慢慢的發生變化。某次我與啟禮一起去看兩個堂的野外訓練後，召集了信堂番薯等幾位幹部。

事前啟禮與我已商議多次，要我決定殺了周榕。這是一個老問題了，啟禮當年被文山老兄弟綁架到新店大坪林，並與文山結拜兄弟，而周榕與林國棟在不明事理、真相的情況下，認為啟禮是叛幫加入文山，而宣布竹聯開除了啟禮。這是啟禮與周榕、林國棟三人之間解不開的多年心結，長久以來我雖然想化解他們之間的心結，但並沒有成功。

自從我幫啟禮躲過老四海在強恕中學的追殺後，我們就義結金蘭、生死與共。我堅持他做的事，他一定會去做；他希望我做的事，我也不會推辭。但去刺殺周榕這件事，確實讓我十分為難。

我有一個終生堅守的原則，就是絕對不殺自己的兄弟、朋友，不管這個人是否曾背信棄義，頂多就是不跟對方來往，從來沒有念頭要殺害對方，雖然我也理解啟禮的內心，無法化解他與周榕、林國棟的心結。

新文山與啟禮的南強聯盟，在新店線上結盟共同抗擊四海時，周榕、林國棟主持的竹聯在受到四海對中和鄉橋頭寶泉冰店和幾次雨夜突襲後，也沒有做出積極的反擊，處於被動挨打的狀況，所以我跟周、林兩位也沒有什麼聯繫、往來，但也沒有什麼不愉快及嫌隙。

之後新文山仍繼續突擊四海，而在民國四十七年中秋夜四海突擊中和鄉豫溪路口，砍斷小弟陳思景的手後，我不得不負起復仇的責任，而加盟竹聯，開始我與四海爭鬥、周旋的漫長歲月。之後我負責主持的竹聯，與以往周、林主持的竹聯是兩種不同狀況與格局，儘管我與周、林也沒有什麼交情，但大家都是中和鄉竹聯名義下的兄弟，手足不相殘，也是成立新文山與我來竹聯主持以來，一直強調的倫理觀念。

所以對要殺周榕與林國棟的這件事，我時常設法化解與拖延，但後來實在沒有辦法拖延，啟禮要求我在番薯等幹部出席的集會上，下達殺死周榕的指令。當我宣達這個命令時，下面的兄弟都一臉驚愕，他們心想柳點（全幫第一號〔number one〕首領的意思）怎麼會下此殺害老兄弟的命令，豈不完全違背我平時再三強調，兄弟不可相殘的倫理道義？但又不能問也不敢問。

集會後，我與啟禮一起回到市區後分開不久，我就用 call 機（按：呼叫器，一種具有接收和傳送簡易文字訊息功能的個人無線電通訊工具）告知番薯等人，絕對不能真的去殺周榕，番薯回答：「原來是這樣，當時我們大家實在想不通。」這時番薯等兄弟才鬆了一口氣。

不能被執行成功的刺殺行動

過了不久，我得知周榕要到一家餐廳吃晚飯，我也假裝真的派出番薯等兄弟行動，他們就埋伏等待在這家餐廳的對面，但出人意料的，番薯等人竟然碰到劉煥榮。他們還算熟稔，番薯就問劉煥榮：「你怎麼也來這裡？」劉煥榮回答：「我是奉了鴨霸子之命來刺殺周榕的！」番薯說：「我們也是奉了柳點之命來殺周榕的，但柳點特別交代絕不可真的刺殺周榕，只能做個樣子。」

啟禮又祕密派出劉煥榮刺殺周榕，這正是他厲害的一面，我在集會中宣達要殺周榕的命令，不可能永遠不被人知道。萬一有一天周榕被殺了，那這個殺自己兄弟的惡名，就要由我來承擔，百口難辯了。啟禮這招是要我澈底斷了不肯殺周榕與林國棟的意念。

劉煥榮得知我不願殺周榕的意圖，番薯與劉煥榮等人就商量出一個辦法：劉煥榮以沒有堵殺到周榕為由向啟禮覆命。番薯後來向我報告事情的經過，我告訴他們：「此事一定要嚴加保密，絕對不能讓人得知。」

萬一啟禮得知此事，就會傷害到劉煥榮，因為啟禮十分信任與重用劉煥榮，曾經把一隻自己戴的伯爵手錶送給劉煥榮，可見極受寵信。這種接近叛逆啟禮的行為，啟禮若得知是絕對不會容忍的。

過了幾個月啟禮和我商量，他希望我能陪他一起到美國東岸去看望他的兩個女兒，我與啟禮略為準備及交代一下事情，就從臺灣直飛舊金山，停留兩天後轉飛洛杉磯。毛弟來機場接機，我們就住在毛弟家附近的一家旅館，預定幾天後飛東岸的波士頓。

在到達洛杉磯的第二天早餐後，啟禮跟我說：「林國棟就住在洛杉磯，我們這次就把他解決掉！」國棟是居住在洛杉磯南邊靠海橘郡（Orange County）的一個社區，偶爾也開車到小臺北——蒙特利公園（Monterey Park），打個娛樂性的小牌。啟禮既然提起這件事，我也無法推辭，於是我請毛弟到旅館交代他這件事。

毛弟是我第二次竹聯重整時的掌法，與我關係較親近，曾與啟禮有矛盾，經我居中協調後化解。他負責帶領民國五〇年代中期的中生代與五〇年代後期陸續進來的兄弟，是一位重情義的好兄弟，也是極少數沒有受過牢獄之災的一員福將，移民美國後，與他的姊姊、妻子一起在好萊塢開了一家蒙古烤肉店。

毛弟就請剛因為有事到洛杉磯的小平兄弟協助，帶隊去橘郡執行刺殺國棟的任務，小平是一位用槍經驗豐富且有辦事能力及膽識的兄弟。毛弟再配三個小弟給他，其中包括後來開車載吳敦、小董到舊金山的大理市槍殺作家江南的小泰利。毛弟把事情安排妥當後，就等我指定何時去辦這件事。

後來我確定國棟已在蒙特利公園市某處打牌，依他以往的習慣，他不會中途停止打牌回到家裡。我立即通知毛弟要小平帶兄弟前往橘郡國棟的住所，執行刺殺的任務。小平一車四人到達後，小平帶了兩名兄弟從側門進入花園，只看見國棟的妻子帶著小孩坐在客廳內。小平打電話告訴我與毛弟：「沒看到他（國棟）。」我說：「開車到附近轉一轉，一個多小時後再去。」

之後小平再打電話告訴我，仍沒有看見目標，我就要小平立即撤離現場。我跟身邊的啟禮說：「在美國，陌生車輛在社區停靠二次，很容易引起社區居民的注意，他們或許會通知警局，人槍必須立即撤離。」啟禮當然同意這個決定。兩天後我與啟禮就飛往東岸波士頓，國棟也躲過這一劫，毛弟與小平自始至終都被蒙在鼓裡，並不知道這是一次不能被執行成功的刺殺行動。

江南案與啟禮的關聯

以前啟禮很少有機會出國，前述文字是他第一次遠渡重洋到美國，而他再次踏上美國這片土地時，就引發了江南案。

我和啟禮從美國回臺後隔年，就是蔣經國競選連任的一年，國民黨內有識之士的傳統元老派，為黨的改革與黨權繼承問題與蔣經國已有嚴重分歧，元老認為黨權屬於全體黨員，非一人一家之黨，應由賢能者擔負，才能因應臺灣往後的政治變局。元老派在黨內與蔣的關係也日趨緊張，元老最後為了安全著想，認為我必須立即離開臺灣。

我離臺到美國後，發生了江南案。臺灣當局為了掩蓋派出啟禮刺殺江南的事實，實施一清專案，以此為由先逮捕啟禮，這麼做是為了先控制啟禮，以防他脫逃境外，洩漏更多有關刺殺江南的內幕與人物，而一清專案的所謂掃黑行動，對象不僅是竹聯兄弟，也牽連到全臺灣的各幫派重要的兄弟。

由吳敦、小董（董桂森）刺殺江南的行動，是小董首先向前開槍射擊江南頭部，江南倒地後吳敦再向胸腹補上兩槍。他們和啟禮回臺後，因小董的警覺性很高，全臺的一清專案一發生，他與陳功等多位兄弟都逃往菲律賓。

劉煥榮因多起槍擊命案，早已避往菲律賓。劉煥榮與菲國南部回教武裝組織有來往，以前就常去菲國，有一次還差點被他們召為女婿。菲國南部當時是政府警力難以涉及之處，即使國際通緝也很難有效，且離臺灣距離較近，漁船偷渡方便，所以兄弟的第一避難選擇是菲律賓。

在菲國兄弟處在一起，不免閒聊起來，劉煥榮與一些兄弟就談起刺殺周榕的事，這件事當時在竹聯內部還是高度保密的，大家就很好奇，有些老兄弟也開玩笑的問：「我的名字在不在上面？」陳功也打趣的問上一句：「我呢？有我嗎？」

現場氣氛輕鬆，但這件事本身應嚴肅對待，事後大家也互相約定，對劉煥榮說出啟禮要他刺殺周榕的祕密，決不向外洩漏，但兄弟的保密性一向不高，這件事後來還是傳到啟禮的耳中。據說啟禮怒不可遏，他這麼信任、重用的人，竟然把刺殺的祕密說出去，真是情何以堪。所以劉煥榮以後的悲劇，也就難以避免。

兩位十大槍擊犯的對決

兄弟在菲律賓待了一段時間後，小董用泰國護照遠赴番薯所在的南美巴西，劉煥榮在菲律賓也沒有發展的環境及空間，於是他就到日本。

日本是一個工商業發達的國家，華僑也很多，在各行各業都可以看到華人，當然少不了與黑社會有關的賭毒與色情業，臺灣也有兄弟在日本討生活與發展，在劉煥榮到日本前，臺灣就有另一名十大槍擊要犯楊雙伍已到日本。

楊雙伍的母親是日本人，楊到日本後就順利取得日本國籍，並加入日本黑社會組織山口組。楊憑其日本國籍及山口組成員，向臺灣兄弟經營的賭場來插股分紅，一些刀劍冷兵器時代的臺灣老兄弟，人在異鄉日本也不得不退讓幾分，但劉煥榮一到日本東京後，這個情勢就改變了。

劉煥榮專殺一般人不敢碰的江湖幫派老大，可見他有過人之處，楊雙伍在臺灣時就對劉煥榮十分忌憚，這是我有一次到臺南新營時，楊的一位大哥告訴我的。一山不容二虎，楊怕動搖他的利益與地位，當然要設法對付劉煥榮，但論個人身手，楊難以對抗劉，楊就靠頭腦想辦法。劉、楊兩人雖然都是槍擊通緝要犯而逃到日本，但楊有日本國籍，臺灣的法律管不到日本，他像回到自己的家一樣；劉在日本是通緝身分，楊運用關係，於是日本警方依法逮捕了劉煥榮，讓楊除去這個心腹之患。

民國七十五年三月劉煥榮從日本回臺灣接受司法審判，劉煥榮的多起槍擊殺人案件，分別由各地法院審理，而劉煥榮所涉殺人案件，被害人無一不是江湖道上人士，從無殺害無辜的人，且一案又只殺一人的情況下，劉煥榮曾多次被判無期徒刑，後來臺灣高等法院改以併案審理，到了民國八十二年三月五日，臺灣最高法院才判處死刑確定。

在劉煥榮死刑定讞後，多名民意代表、律師多方奔走，均認為劉煥榮重義氣，從未殺害過無辜人士，只殺江湖道上的人，與一般槍擊殺人凶手完全不同，且在獄中真心悔過，希望司法界能法外施恩，槍下留人。

在劉煥榮司法審判的過程中，檢察官的刑責起訴與高等法院法官的判決，對刑責人是至關重要的一環，在高等法院審理完成，法官做出無期徒刑判決後，如檢察官沒有表示不服而不向最高法院提起上訴，則該案就在高等法院以終審判決來結果，反之，如檢察官表示不服判決，向最高法院提起上訴，則劉煥榮將上訴至最高法院繼續審理。

正在社會各界都有減免劉煥榮死刑的呼聲時，另外也有一股對他不利的暗潮湧來，在劉煥榮司法審判的後期，啟禮因逢大赦減刑而出獄。他出獄前，我人在洛杉磯以電話告知，當年在四幫混戰時，表現突出的血盟後起之秀徐印衡，要他帶進竹聯的這批東堂桃園兄弟，護衛啟禮出獄後的安全。

因有些老兄弟與啟禮有長年心結，他們手下的兄弟對啟禮也有不滿情緒，啟禮在外面時，基於我主持全局以及形勢所在，他們動不了啟禮，但由於後來啟禮長期入獄與各堂兄弟斷了關係，就準備在啟禮剛出獄而無所防備的時候，對他採取不利行動。

由許多兄弟平時的言談中，也可隱約感覺出這種意圖。例如他們會說，在竹聯中他們只支持與擁護我，而不是其他人。這意思是要我不要站在啟禮這一邊。這當然是不可能的事，不要說啟禮與我這種生死兄弟的極深關係，就以共同利益來講，是誰也少不了誰，兩人若少了對方，都是極大的利益損失，我當然會致力阻止這種事發生。

中和鄉竹聯在民國四〇年代後期，從一個少年學生的小幫派且內部兄弟有所矛盾的狀況下，逐步走上崛起之路，除了依靠幾代人的共同努力奮戰外，我一再強調的道義與倫理也非常重要，這個理念避免手足相殘的內鬨，也化解了竹聯內部最大危機的歐帝威事件。

徐印衡帶進竹聯的這批東堂兄弟，都是當年跟隨桃園楊柏峰的兄弟，英勇善戰，且與其他兄弟也沒有較近的關係與聯繫，獨立性較強，對有來犯者必定加以凶狠的打擊，所以由東堂兄弟負責護衛啟禮的安全，是一種妥當的安排，他們也用心盡職守衛在啟禮身邊，幾乎寸步不離的做好護衛工作，以他們的忠誠與勇猛，嚇阻了對啟禮有不良企圖的兄弟。

在劉煥榮的後期審判與最高法院終審判決死刑定讞後，就有傳言流傳是啟禮利用關係，對劉案的承辦檢察官與法官加以影響，導致最後置劉煥榮於死地。這個流言普遍引起幫內兄弟情緒不滿。這種情況如不加以安撫，可能會發展到不能掌控的局面。

啟禮與劉煥榮的恩怨情仇

自民國八十年代初，我已不太管事，但對幫內的老少兄弟仍有一定的影響力，這種嚴重的情勢也關係到啟禮與竹聯的未來，我不能坐視不管。這時劉煥榮已定於民國八十二年三月二十三日執行死刑，同日上午竹聯各堂兄弟為他在臺北殯儀館舉行葬禮，以追思這位令人懷念的兄弟。

我為了讓葬禮順利進行，不要有任何突發狀況發生，宣布所有參加葬禮的來賓（外幫兄弟與友人）與自家兄弟，均不能攜帶武器、槍械，以某飯店為起點到臺北殯儀館均須卸除武器槍械；我也命令風戰隊配備武器、槍械，負責飯店到臺北殯儀館內外的護衛安全。

我認為這樣安排，即使竹聯處在不滿與反彈情緒高漲的情況下，也較容易掌控場面，不至於發生太大或不可控制的事端，並且我也要老兄弟陳功、肥婆、童強等人，一早就先到臺北殯儀館的靈堂坐鎮，防止萬一有情況出現，能馬上勸說、處理。他們幾位都是資深、人緣好且受人尊重的老兄弟。

雖然我做了各方面的準備與安排防範，但也發生意想不到的事——啟禮不會出席葬禮，但他派了一位中生代後期的兄弟代表他，造成靈堂現場的不滿情緒轉到他的頭上。眾兄弟堵在靈堂門口，不讓他上香，同時他們對啟禮致送的奠儀只有區區的十萬元，也表示強烈的不滿，因為當天各方來賓與各堂致送的奠儀都頗為豐厚，超過啟禮的奠儀有十餘倍。**不讓啟禮的代表進入靈堂**，也就是不讓啟禮進入靈堂，這樣不讓自己兄弟進入兄弟靈堂的事，竹聯以前還沒有發生過。

曾經，信堂與地堂發生衝突，意外導致一位地堂兄弟死亡，經我懲處信堂番薯後，地堂兄弟所設死者靈堂，還是允許信堂兄弟前往，依循中國與日本的江湖傳統慣例，即使是敵對的仇家前來祭典，基於禮貌上還是允許對方進入靈堂致祭。

可見當時各堂兄弟有多麼的不滿，這種尷尬的局面僵持了很久，直到快要移柩的時候，在幾位老兄弟的安撫下，各堂兄弟總算讓了一步，准許讓啟禮的代表進入靈堂上香致祭，但不宣布是啟禮的代表身分。

有關劉煥榮的事，啟禮當然也會跟我談起，說到底劉煥榮是他推薦給我的，且跟隨護衛過我一段時間，與我也算是有緣分。在一天傍晚啟禮下班後，我們在凱悅飯店一起吃晚飯，啟禮跟我說：「我後來疏遠劉煥榮的原因是跟隨我身邊的東堂兄弟，都是當年楊柏峰的手下兄弟，他們對劉煥榮刺殺楊柏峰的往事，懷有很深的仇恨。」這當然是一個很有說服力的理由，**但啟禮又說了一句極為關鍵的話：「他想威脅我！」並氣憤的說：「我是不會受別人威脅的！」**

我當時想，劉煥榮到底有什麼事，可以威脅到啟禮，在這世上能威脅到啟禮的人或事，可說是幾乎沒有，至於啟禮要殺周榕的事，已經可說是公開的祕密了，稍微有關的兄弟也都知道，所以劉煥榮說出啟禮要他殺周榕的事，已是構不成對啟禮的威脅，即使劉煥榮對外洩漏殺周榕這件事，啟禮雖然十分憤怒，但也不至於非置劉煥榮於死地不可。

以我多年與啟禮相處，我深知他是一位重道義又極重感情的人，對幾位民國四〇年代老兄弟在無緣無故的情況下，對他當面以言詞衝撞，甚至要跟他刀兵相見，他也忍讓不會和對方起衝突。

記得有一次老兄弟彭澤洪在黃舜的陪同下，直接到啟禮的「美華報導」辦公室，當面對啟禮批評，但啟禮一直忍讓不跟澤洪爭辯。房間外有不少護衛啟禮的兄弟，啟禮只要一句話，澤洪與黃舜就要吃虧，但啟禮自始至終都忍讓不言，在我好言相勸下（因為澤洪是跟我是有交情的老兄弟），澤洪才忿忿不平的與黃舜離開辦公室。

尤有甚者，有一段時間，具有很強實力的老兄弟吳沅新（猴子）與啟禮處得很不愉快，兩人之間有一些利益上的衝突，據啟禮跟我說：「沅新對我步步進逼，但我還是步步退讓。」事後沅新對手下兄弟說，他做出讓步，使他在經濟上蒙受很大的損失，但啟禮也說他對沅新也做了讓步。啟禮對民國四〇年代的老兄弟不單是顧念情分，即使面對在眾人前批評他的老兄弟，他也會忍讓，從沒有因為自己有人馬，而對無權無勢的老兄弟有任何打擊或報復的念頭。啟禮的為人處世往往不為人所知，不了解他的人，還以為他心狠手辣又無情。

所以要殺周榕或一般祕密的事情，劉煥榮也威脅不到啟禮，除非是絕對不能外洩的驚天祕密。啟禮曾指派過劉煥榮執行幾件機密的任務，但到底是什麼事？我也沒有問過，只有他們之間自己知道，但以我與啟禮談到劉煥榮時，他的認真與氣憤，可以感覺到，這必定是絕對不能讓外界知曉的祕密，不然也不會對啟禮構成威脅。

劉煥榮在審判過程後期，得知有人在司法界對他採取不利運作，他有所不滿也是人之常情的反應。尤其對方可能是他崇拜的江湖偶像，不顧往日情義的對他落井下石，心中憤慨之情可以想像，不免口出帶有威脅的微言，這樣可能更激化他們之間的情緒，終至不可轉圜的境地，最後劉煥榮以悲劇收場。劉煥榮至死都沒有說出這個威脅到啟禮的祕密。

啟禮與其他兄弟的恩怨情仇

在此我也寫出兩位與啟禮關係較近，往後不歡而散的兄弟：一位是黃舜，一位是童強。黃舜是我與啟禮進入淡江文理學院後認識的。大概是民國四十九年或民國五十年，啟禮在我英專路的租房裡聊天，鄧國禮帶了一個朋友來，他隨身帶了一把吉他，是合唱團的成員。他就是日後跟隨在啟禮身邊的黃舜。

黃舜以前雖然沒有混過，但跟隨啟禮後，以拳頭與磚頭聞名，他通常攜帶或使用長、短刀，但經常因隨手撿起磚石就砸向敵人而建功。較有名的一次打鬥是在臺大校園的大操場，與三環幫有名的創幫老大沈信吾發生衝突，黃舜就撿起地上一塊磚石將沈信吾擊傷倒地。信吾是成名較早的中和鄉老兄弟，被一個後起的兄弟擊成重傷，認為是奇恥大辱。沈信吾與啟禮早年有過節，他曾衝進中和鄉彈子房用武士刀砍傷啟禮，黃舜這次用磚石擊倒沈信吾，也算是替啟禮報仇。

黃舜自從跟隨啟禮後，幾乎如影隨形的不離左右，成為啟禮的一個近身手下兄弟，兩人的關係也較親近，他們兩家住得很近，啟禮有時也會到黃舜家談天。到了民國五〇年代的中後期，兩人的關係不知為何發生變化，表面的起因是黃舜知道一位兄弟在背後講他壞話，黃舜認為對方是受到啟禮的影響或慫恿才會講，因為發生衝突後，啟禮就支持那位兄弟，站在黃舜的對立面。

而當年與黃舜在一起的兄弟，都已不混或去軍校，黃舜本人又是不帶兄弟的獨行俠，加上黃舜在外面為人處世都很強勢，與人的關係不好、常得罪人，但以前他有啟禮這個靠山，別人有所顧忌，不願動他；後來黃舜孤單一人的情況使他覺得有點氣憤與不滿，他忠心耿耿的跟隨、護衛著啟禮，沒有功勞也有苦勞，不應該這樣對待他。總之黃舜與啟禮都互相有所不滿，關係也變得越來越緊張。這件事情啟禮曾和我談過兩次，他想準備處理掉黃舜，他認為他沒有虧待過黃舜，而黃舜竟然對他不滿。

要處理掉老兄弟的大事，啟禮當然要先徵得我的同意。我和啟禮說：「要殺外人我沒有意見，但你不能殺黃舜！」他問我為什麼，我說：「誰都知道黃舜是你一手帶出來的，你要殺跟隨過你的自己兄弟，這終究是一件不光彩的壞事，對你的一生都會有影響。」

在我的堅持下，啟禮經考慮後決定還是尊重我的意見，沒有對黃舜採取任何行動。黃舜在這種情勢下，當然會來見我並訴說他的處境，我肯定的告訴他：「啟禮不會對你怎麼樣，大家都要遵循兄弟的倫理。」我也說了一些安撫他的話，黃舜的心態也就平靜下來，後來我讓他平安過渡到出國。

過了多年黃舜回臺灣居住，但他和啟禮之間關係始終沒有修復，黃舜尤其在酒後的公共場所，總是罵啟禮的不是。我看這樣的情形不太好，就跟黃舜談了談，我說：「你罵啟禮雖然是你們的事，但對你跟啟禮都是有害無益的。你現在在外面罵啟禮，對你不滿的人知道了你們現在的關係，就是要動你的時機了，所以你罵啟禮，不但是啟禮知道了不好，對你自己也不好。」

黃舜也知道我一向對他愛護的苦心，當然接受我的善意，往後就比較少對外發牢騷。我跟啟禮談起這件事，他認為我這樣處理是對黃舜曉以利害，使他能明白自己的處境而有自覺，是較為適當的方法。

黃舜這位兄弟很重義氣，我記得有一次一位朋友託我，他家與高玉樹（前臺北市長）有一些土地利益上的糾紛，據友人說他們承租了那塊土地已有多年，原本的價值很低廉，後來土地雖價格飛漲，仍應有優先的承購權，但高玉樹眼紅就想占為己有，於情於理，高玉樹都是站不住腳。我答應那位朋友幫忙他解決這件不簡單的問題，它不能像處理一般江湖事情，以打打殺殺就能解決，牽涉到法規等多項問題，如何使高就範而退出利益競爭，這是需要軟硬兼施及一些方法、技巧。

某天在我新生北路三段家裡，與啟禮幾位兄弟談起這件事情，大家都較謹慎、保守，沒有輕易發表自己的意見，因為要去動一位政務委員，在當時刀劍冷兵器江湖時代上還沒有經驗，但黃舜先建議，就在高玉樹上下班的路上某一個地點，給他一點教訓，並由他帶兄弟去辦。我之後雖然沒有採用黃舜的建議，但從這件事上可以看出黃舜的義氣，使我印象深刻而至今難忘。

這件土地的事情拖延了好幾年，直到民國六十年夏天，我回臺向中央黨部述職時，我敦請一位中央要人長輩把這件土地案圓滿解決，高一見這位要人插手處理這件事，於現實也只好讓步。

黃舜在美國紐約期間對自己與各路初到紐約的兄弟，都無條件的加以協助與幫忙，使兄弟在當地能安定下來，當年在紐約的兄弟都還記得這些往事。黃舜好喝酒，之後不慎中風而半身不遂，躺臥病床多年，在民國一〇五年離世，令人惋惜不已，但他的俠義之風，卻長存在我們這些老兄弟的心中。

另外還有一位過去與啟禮關係親近的兄弟，他是民國五十二年加盟竹聯的童強，有禮節、重道義，更講倫理。當時像他一樣在日後成為竹聯的中堅骨幹兄弟，都是由老兄弟林建發（肥婆）帶領，也都是屬於基竹的這個大系統，與我的關係必然是密切、親近。童強在帶領竹葉青時，啟禮就對他較重視，從竹葉青出來很多人才與有潛力、資質的兄弟，啟禮理所必然的要掌握童強這位有潛力的重要兄弟。

民國五十五年我第二次重整竹聯，於民國五十七年掌法毛弟受召集要去服兵役，我任命童強與周令剛為繼任掌法，處理竹聯一些內外事務，作戰仍由老么吳高雄負責。從民國五〇年代初起，童強即常在啟禮的身邊，在民國六〇年代初期的某天晚上，童強與啟禮身邊兄弟（汪沛雷，已往生）發生衝突，事後童強告訴我經過情形：「不管跟了什麼人，我們人不能忘本，我們講究本源，永遠都是大哥系統的兄弟。」童強的言詞表明他的立場。

過了幾年有次童強跟我獨處時，對我說他即使生活苦一點，還是決定離開啟禮，我當場並沒有問是什麼原因，就接受他的說法。從那時起，他就慢慢的和啟禮疏遠，而童強在我的維護下，啟禮也沒有為難他，大家也都相安無事，但我一直不明白，到底是什麼原因促使童強離開啟禮。

到了民國一〇五年夏天，我在淡水慶暉家裡，與梁先宏談起李傑當年的一些往事後（先宏在那個時段曾跟隨過李傑），先宏道出了童強離開啟禮的原因，他說：「童強親口告訴我，啟禮要他殺了周榕，但他沒有去做，所以他只能選擇離開啟禮。」

到了這個時候，我才總算真正了解童強離開啟禮的原因。童強與周榕沒有什麼淵源關係，竹聯老兄弟當時雖不像後來多元建堂，各堂之間壁壘分明，但老兄弟大小派系仍是分得明白，誰是誰的系統有所講究，不是自己所屬系統兄弟的事情，是不會出死力的，但童強為了兄弟倫理而決心不殺周榕，放棄可以得到的利益，實在是一位難得的重義輕利好兄弟，讓我不得不十分敬佩。

童強也因喉癌醫治無效而離開了我們，他對中和鄉竹聯有許多貢獻，卻從不居功自傲，真是默默的來了，靜悄悄的走了，像很多的老兄弟一樣。

黃舜、童強、劉煥榮這三位兄弟，均是與啟禮關係密切的近身兄弟，但他們最後都選擇離開啟禮，我雖然道出了一些表面的理由，但真正的原因，恐怕還不是這麼簡單，尤其是劉煥榮他可能有了可以威脅到啟禮的致命祕密，不然啟禮也不會非要置劉煥榮於死地不可，這個驚天的祕密到底是什麼血案？這也只能隨他們永遠的帶離了這個世界。

結語 艱難與不容易的歲月

近年來每當我打開電視、翻開報紙，常會看到竹聯幫的負面消息。老實說，這不是老兄弟願意看到的竹聯。我希望能在有生之年，與大家分享那個純真無邪的竹聯。

也許人們會認為，當年的兄弟之所以純真無邪，是因為他們不過是十幾歲的小孩子。但事實上，到了與牛埔大戰的時期，許多兄弟都已近二十四、五歲，已經不是小孩子。而現在出現在電視上的兄弟，反而大都是小毛頭。

現在回想起過去學生幫派的刀劍鐵血時代，是快樂與艱難參半的時期。「快樂」是課餘時參加大小舞會、與學校舉辦的郊遊、遠足、露營、運動會及一些康樂活動。而「艱難」的是，若想在冷兵器刀劍拚鬥時代出人頭地，需要經歷一段時間的磨練與成長期，得靠勇氣膽識、智慧和兄弟間互相的義氣，流血流汗拚殺出來的。不像現在混兄弟的，只要敢帶槍、用槍就成了，或用社群網站招幾個人來吆喝兩聲就成了。但是，真有這麼簡單？

在當時，有本領的人物，可以用一把武士刀對付兩、三把武士刀。而且不但不怕，甚至還可以打敗對方。不像現在，哪怕你本領再高強，對方只要一開槍，再有本領也只能倒下。

在冷兵器拚鬥的時代，要成為一個人物或老大，必須不斷的累積戰鬥經驗。先是小群的打鬥，再進階到組織性的戰鬥。而且重點是，需要有調度、指揮的才能，所屬的幫派才能立足於江湖、個人才能闖出名號。

這些成長過程是一個大哥級的人物，必須經歷而不可或缺的。我也曾經過如此辛苦的成長過程，歷經十多年的磨練，才能領悟到「兵無常勢，水無常形」、「運用之妙，在於一心」的道理，並能隨機應變而融會貫通，運用各種不同的戰法，計畫、調度、指揮整個戰局，於每次戰鬥達到克敵制勝的目的。

在拚殺的過程中，你不能被敵方砍殘或砍死，你也不能砍死對方。如果兩者有一，那你的江湖生涯也就到此為止了。這就是艱難與不容易的歲月。一個人要立足江湖不倒，除了需具備多種條件外，還需要有一定的運氣。

重義氣，不碰「黑、毒、黃、賭」

正如我在自序所說，早期學生幫派的成長與發展，是幫派發展史上特殊的現象。因為是在鐵血刀劍的拚殺中成長、發展起來，靠戰鬥生存。而造成這個特殊現象的原因、來龍去脈，與造成這個特例的環境是什麼？

民國三十八年國民政府遷臺，隨政府來臺的有黃金榮、杜月笙的恆社等社團，成員是商人以及在黨、政、軍、情部門中任職的人士。他們來臺後，也僅能以集會、聯誼等聚會活動方式維持團體的存在。但隨年歲的增長，最後連「存在」也被時間淘汰得煙消灰滅。

而廈門幫、南京幫、小五盟、洪門山頭、青幫派別、與本省的角頭（本省角頭以年資論輩分，分為少年、中年、頂年），均難與以鐵血刀劍浴血成長起來的新銳學生幫派抗衡。

當年許多學生幫派可說是高據江湖社會頂層的統治地位。造成這種江湖生態的形成，還有一個特殊的環境條件。那就是臺灣當時實施戒嚴，當局認為部分的刀劍打鬥，於整個社會起不了太大的波濤與擾亂，還在容忍限度之內。而老舊黑社會幫派，要想戰勝彼此間義氣相挺，又能團結一致的學生幫派，唯一的辦法就是有規模的使用槍械，來打敗使用刀劍的學生幫派。然而，當局是絕對無法允許任何社會團體有規模的擁有及使用槍械。在當時臺灣這種戒嚴體制社會的特殊環境下，才造成臺灣學生幫派強壓在所有老舊黑社會幫派之上的世上唯一特例。

還有一個非常特殊的因素，那就是早期學生幫派的構成分子大都是單純的學生，沒有涉足「黑、毒、黃、賭」等有利益的非法活動，是從不為金錢或任何利益拚鬥，僅是為兄弟的義氣，與自己團體的榮譽而奮戰到底。並不像老舊黑社會與現代幫派，牽涉到作奸犯科的法律層面。

而且學生幫派中不少成員與首要人物都是尊倫理、講道義、行為端正的正派人。而兄弟在高中畢業後，有不少考入陸、海、空三軍官校，畢業後服務於軍中，保衛桑梓成為將領。考入大專院校的人，在畢業後也有赴歐美留學。這些人當中不少成為了科學家、工程師、企業家、教授等社會有用的人才。

兩者因時代與環境的變遷，價值觀也有極大的落差，是完全不同時空的兩類人。臺灣早期學生幫派發展的歷史價值在於是幫派史上，甚至是世界幫派史上唯一發生過的奇特現象。以前沒有發生過，以後也永遠不會發生。

是兄弟也是國家棟梁、商界菁英

學生幫派中有不少人士對社會做出貢獻，我舉幾個真人真事的例子。我先說老四海大將吳國術，他曾在竹聯成立之初，多次趁雨夜進擊中和鄉，砍傷多名竹聯兄弟。他從橋頭、永和、秀朗各處突擊得逞傷人，每當雨夜時分，中和鄉就心情緊張，恐有襲擊，但他會在不同地點出沒，是防不勝防，大家雖不至人心惶惶，而又無良策對付，有點手足無措，顯示出早期的竹聯，缺乏一套攻防的體制與方法，和實際的戰鬥經驗。

吳國術他又在老四海寇保等幾位老兄弟，要赴南部軍事院校報到之際，親率四海新銳到強恕中學突擊啟禮，實施四海將敵對者砍廢的狠毒重點打擊戰術，幸而我在前晚判斷正確，隔日早晨及時帶走啟禮，敵我雙方避開一場激烈的血戰。當時我以為是寇保帶隊來襲，民國一〇四年舍弟娃子請教寇為龍時，才得知那天是吳國術統領突擊隊且志在必得。吳國術、寇為龍、袁雲剛是曾名震一時的四海三劍客，吳國術的經驗、膽識、能力都不是一般江湖兄弟所能及且高人一等。我那天帶了極鋒利的日本軍刀及西洋指揮刀各一把，我與啟禮各執長兵，若與吳國術突擊隊遭遇拚殺，儘管四海的經驗、人數、能力都占了優勢，後果還真很難說。如果我與啟禮都被四海砍倒，那往後也許沒有反四海陣營的出現，與聯合抗擊四海之合縱連橫戰局，臺灣江湖的態勢與消長，又將是另一番光景。我與吳國術雙方都錯過了，我們這一生唯一一次關鍵的交鋒，而這也許是上天的安排。

吳國術與袁雲剛是多年至交好友，袁對吳的課業也常加以指導，在他的協助下，**吳國術考取空軍官校第一名，最後也以第一名優異成績畢業**，成為一位優秀的飛官，服役軍中成績突出、優良，被選為雙十國慶的校閱機隊成員。但因那天天氣陰暗，在飛往總統府校閱區時，不慎觸及仁愛路上中國廣播公司的天線。當時吳國術原本可按照飛行條例以棄機而彈跳逃生，但吳仍勉強駕機飛離總統府校閱區與臺北市，避免在人口稠密的臺北市造成空難，之後在三重郊外隨機殉職。

吳有強烈的責任心與品德，以犧牲自己的生命，來挽救多數人的生命，這不是一般人能做到的，他的高尚情操也顯現了那個年代，我們激情學生幫派兄弟的俠義之風。

第二位我要說的是四海戰將吳自強。在豫溪路口小弟陳思景斷手事件中，四海首先發動襲擊，吳自強是從我坐位處的左後側以武士刀衝砍我舉指月亮的左手，此人一擊之後在我眼前閃過，繼續向前衝去，也正是小弟所站的位置，從背影上看這人身材高䠷而矯健敏捷，但在僅有月光的昏暗光線下，且在霎那之間，根本不可能完全看清楚是什麼人，事後我猜測是吳自強，這也是我的一種推測而已。

而四海每次有重要突擊作戰，如工專之四海與萬字的遭遇戰，四海突擊中和鄉橋頭的寶泉冰店等，都有成功新村的戰將參加，我從背影的身材上來猜測到吳自強，這也是一種可能，但也不是完全正確。所以在往後與四海長期的爭鬥中，我就將復仇的對象鎖定為吳自強。

到了民國五〇年代的中期，也就是四幫混戰的後期，一晚我得知吳自強在北師附小附近的某處補習功課，我立即率血盟兄弟的劉北平、徐印衡、黑豹趕到現場埋伏，重傷吳自強的左臂，而此事吳自強態度豁達大器，表示這是江湖恩怨的互有砍殺，可以放下個人恩仇，願意與我和了這段仇恨並從此退出江湖，自強兄有如此寬宏胸襟，我感到欽佩，欣然同意雙方終結纏繞了我多年的心結，對自己、小弟與竹聯兄弟也有所交代。

這次雙方的和解，對兩方都有正面的意義，是臺灣江湖上的一件大事，也避免竹聯與四海有更多的砍殺與流血，自此我對四海的敵意也就慢慢消退下去。

其實我跟四海也沒有什麼深仇大恨，初二、初三時我下午課餘，常在師範大學操場打籃球，長青隊內的一位隊員是古亭庄老兄弟胖哥（頭洛）的表弟，胖哥有時也會來投籃，他為人和氣，跟我也很熟，那時老四海兄弟如瞎子、黃毛等人都是跟著胖哥。那段時間正值四海與中和鄉萬字幫爭鬥，四海中生代年輕一輩的兄弟大都也以師大操場為聚集地，常在籃球場邊聚合，鼓譟著叫喊要去打萬字幫，由於常見面，大家都會點頭打招呼，不存有什麼敵意。

我附中初一時與老四海的裴建銀（加貝）是同學及球友，高一在文山中學又與老四海兄弟袁雲剛、胡柳虎同班同學，大家談得來而和睦相處，且又與袁雲剛走得較近，他雖是老資格的四海三劍客之一，但平易近人，從不擺什麼架子。

吳自強能放下個人恩仇，且能說到做到，自此發奮求學，後來成為高雄、臺南工程界的著名設計師，不但自己事業成功，對社會也做出貢獻，這是陳道鈞在上海餐敘時告訴我的。之前聚餐時亦得知吳自強在廣州退休，我得知後替他高興，也祝賀他身體健康。吳自強是拿得起放得下的大丈夫，他也體現出了當年學生幫派人物中的品德，是現在年輕人值得學習效法的榜樣。

我第三位要敘述的是我的老同學、老朋友、老兄弟袁雲剛，他和老四海兄弟寇為龍、吳國術一起，當年四海三劍客之一，我們是文山中學的同班同學，對人客氣，一點也看不出來他曾是闖蕩江湖的兄弟。他也從不倚老賣老，留著一撮小鬍子，神態瀟灑大方，且樂於助人，只要他身邊的朋友有困難，他都會主動幫助別人。

▲ 袁雲剛是我的老同學，留著一撮小鬍子，神態瀟灑大方，對人客氣且樂於助人。

民國七十九年我在（黨內）競選副總統時，袁雲剛對我大力支持、出錢出力，我回臺時他也不顧風險陪我一起回臺。我們住在王朝飯店，他在隔壁房間隨時注意我的訪客與安全，我們一起到中山堂國民大會與國大代表聚會聚談，我們一起渡過那次在臺灣的競選行程。這份義氣與勇氣也是一般人所不能及，我至今仍欠他這份人情而尚無回報，感到慚愧。

▲ 回臺參選副總統，在當時國內外報章雜誌皆有大篇幅報導（剪報來源由柳茂川提供）。

獨木難支，失去獨霸臺灣江湖的主導地位

民國四十七年下半年至四〇年代末期，是反四海陣營與四海陣營的熱戰期。進入民國五〇年代，是文山、竹聯、血盟、四海互相攻伐的四幫混戰期。文山、血盟分別與竹聯衝突、拚殺，但我仍主導文山、血盟及基竹兄弟對四海的連續攻擊。

在熱戰初期，我曾苦思，四海為何能多年一直處於主導與獨霸的地位？如果再不想出有

效的方針，以四海當時的實力，他們大可以連續打擊來進一步擠壓中和鄉，使竹聯完全處於被動而失去反擊的機會。

可是在這樣的事情發生之前，我終於想通了。我發現了四海一貫使用而無往不利的做法是一對一之個別擊破戰術。那時我心想，既然他們是要集中兵力逐一擊破，那我就必須組織一個不同幫派的聯合陣營，讓他們無法個別擊破並多面受敵。於是我開始聚集文山、竹聯以及血盟的力量。同時又聯合以饅頭為首的北聯兄弟：黃寶鏞、王胖、大塊、水兵、杜胖、雞婆、關公。還有由馬祖德牽線下，與李存果統領的三張犁兄弟如徐根林、侯湘霖等兄弟結盟，形成多面的、協同的反四海陣營，牽制與削弱四海陣營。

這樣的安排，逐漸成功的破解了四海一貫使用的個別擊破戰術。往後，強大的四海面對我這個完全不同的敵人，面臨多面作戰的被動局面。臺灣江湖自此亦進入四海陣營與反四海陣營的合縱連橫戰國時代。而這也是使得四海逐漸的被削弱與趨於被動的最大原因。所以到民國五〇年代中期以後，四海陣營終於在我的合縱連橫策略下，逐漸失去獨霸臺灣江湖的主導地位。

不過我近年也對這結果感到困惑。雖然當時我領導的文山、竹聯、血盟，以及聯盟的北聯與三張犁，能興起而共同來制約四海，固然是全體兄弟的團結與高素質的兄弟打拚出來的結果。可是，當年四海無論在人員的素質、人數、武器裝備、戰鬥經驗等各方面都不下於我方。他們也同樣的團結，同樣的有才幹與策略，同樣的服從他們的指揮系統。

會不會是他們比較不擅於組織與培訓新人？或是領導層出了什麼問題？或是如馮竹語這位老四海老大說的：「因為反四海陣營有柳茂川，而四海沒有柳茂川。」他之所以語重心長的說出這樣的話，可能也是因為他們四海在那些年，算是親身感受而深受其累之故。

經過長期血腥的四幫混戰，四海有一段時間較趨於被動，我在多年後認為那是多種原因與因素所造成的：在吳國術率隊突擊強恕中學，準備把啟禮砍廢，但被我化解而不能得逞後，由寇為龍、吳國術等為首的這一批老四海兄弟都去了南部軍事院校。四海多年以來對外的戰鬥，都是以寇為龍、吳國術、陳自奮這三位為領軍人物的中心人物，例如寇保、陳自奮領軍突擊中和鄉橋頭寶泉冰店，吳國術對中和鄉的幾次雨夜襲擊，以及早期對萬字幫小潘（潘世明）的臺北工專之戰，都少不了他們矯健的身影。

寇保、吳國術一走，就只留下了陳自奮，獨木難支而實力大損，而新四海老大夏玉明雖然優秀是人才，但在我有計畫的針對下，也心生退意，後起之秀楊愛時是智勇兼備，可以替四海打開局面，但後來移民美國紐約。

自小弟斷手豫溪路口，四海就多了我這個難纏的對手，我一面聯合友幫形成反四海陣營，一面加緊培訓文山、竹聯、血盟的新血新軍。四海在長期多方面受敵以及內外多種因素的影響下，才逐漸趨於被動情況。四海與竹聯的多年恩怨情仇，直到東王西餐廳一戰，我出面調停兩方，從此雙方就永久休兵。

雖然本書著重於早期臺北學生幫派的互相競爭，以及我在其中扮演過的角色，但這些往事已成過眼雲煙。唯一不變、唯一留在心中的，還是我那嫉惡如仇、路見不平拔刀相助、好打抱不平的個性。

記得我高中、大學時，最愛參加大大小小的舞會。那時流行吉魯巴、倫巴、恰恰，而參加舞會也是一種時尚。當時的初、高中女生最喜歡參加舞會，參加舞會也是當時年輕人的課餘活動。參加舞會原本是一種正當的聚會，但偶爾有害群之馬的敗類參雜其中，在舞會結束後強迫女生跟他走。如我在場的話，一定加以阻止與訓斥。

在淡江時，有某個學弟常做這種令人不齒的事。於是我訓誡了他：「己所不欲，勿施於人！誰都有自己的姊妹，誰都是母親生下來的。如果我們不尊重女性，就是違反人倫的原則。無論是誰都是會被社會所唾棄的。」一經我訓誡後，他就有所收斂，之後再也沒聽說他的惡劣行為。

「女竹聯」姊妹

我在文山中學與淡江時期，也有朋友、同學來訴說有家人、親朋好友被欺負，我就會依情節輕重處理。輕的就修理一頓，而情節惡劣的，免不了讓兄弟用鐵管重打惡徒的腿骨及膝蓋以作為懲戒。

為了維護大多數善良的人們，惡人與惡行應該受到懲罰。我一生尊重別人，無論相識與否，只要有兄弟、朋友有困難，需要我協助，在我能力所及之內，一定會無條件的去幫助他。我一生也不為任何利益做違背自己良心的事，更不做趕盡殺絕的事，總給別人留下餘地。正因為我這樣的個性，還發生了一件令人難忘的插曲。

那是在豫溪路口事件發生之後，故事的主角是三位美麗又令人敬佩的姊妹花。當時住在中和鄉的中和幫老兄弟饅頭有一個弟弟、三個妹妹。

在竹聯的聚會中，常常伴有三姊妹的身影。在我們肚子餓的時候，她們常拿東西給我們吃。當我們對外作戰累了，她們會替我們打氣加油，要我們好好的進擊四海。她們給予我們在精神上的支持是無價的。那是我們在抗擊四海的艱難歲月中裡的溫暖，她們可說是「女竹聯」姊妹的開創者。當年竹聯兄弟都把她們當作自己的妹妹看待。

四幫混戰期間，多位竹聯兄弟被文山及血盟的兄弟所傷。因當時我同時主導文山與血盟的事務，所以一些不明事理的竹聯後進兄弟竟然異想天開的認為，只要把我砍倒，他們就能扭轉被動的局面而取得勝利。殊不知我一手培訓、鍛鍊出來的文山、血盟中生代已是具有相當戰力。

唐家三姊妹知道竹聯有兄弟要來淡江突擊我的消息後，大姊立即託了一位好友特地從臺北坐火車到淡水來告訴我這件事，好讓我有防備。

別人能想到的，我們當然也能想得到。在事前，李傑就認為要在北淡線上加強警戒，倘若一有狀況，他即率兄弟來淡水護衛。至於慶暉，早已帶了他的兄弟，隨侍在淡江校園及我住處，戒備了幾日卻不見有人來犯。

但不久之後，啟禮的愛將掌法宋華慶，卻被血盟砍成重傷，旁邊的人也受傷不輕。這是血盟張彤雲帶領建華新村這批新軍，突擊了中和鄉。我對宋華慶的印象不錯。記得一次在中和鄉的舞會裡，啟禮還特別叫宋過來見見我。他是一位英俊的小夥子，雖有一定的能力與戰鬥力，但要面對如此錯縱複雜的環境，絕非他能力所及，可以說是當時環境的犧牲者。不然，他也必定能成為一個出色的戰將。宋因重傷幾乎致殘，而淡出江湖，也是竹聯的損失。

後來此事也就到此為止了。不過，從這件事情可看出，唐家三姊妹均是有主見、有膽識的竹聯姊妹。而且她們傳遞了如此重要的消息給我，等於是為竹聯立了一個大功。

遠離江湖，步上人生政治之旅

我在初中時期，常在晚間收聽教育廣播電臺的講課，講西洋史的羅馬帝國興亡，頗能引人入勝，他說民眾今天擁護你，但明天也許會推倒你，所以民眾並不是絕對靠得住的，唯有軍隊才是靠得住，所以羅馬歷任的寡頭與帝王，首要都是能掌握軍隊，前三頭的蘇拉、龐培、凱薩如此，後三頭的屋大維、安東尼也是如此。還有英國語文、英國白朗寧夫人的情詩，現在回憶起來那是多麼寧靜與甜美的一個學習氛圍。

初中時我浸沉在學習的環境中，高中歲月幾乎大半在拚殺打鬥裡渡過，淡江文理學院時期正處在激烈的四幫混戰，不過我仍掌握住學習的機會，選修了我喜歡的西班牙語文、德國語文，與歷史系、中文系的課程，畢業後並取得教育部准許出國留學的資格。

經歷了許多年的拚鬥與心理緊張的環境，我終於有機會可以出國學習，使我對西班牙語文有了進一步學習與了解的機會，留學生生活開啟了新的生活環境，同時我也步上了我的人生政治之旅。我從黨務、僑務、學運工作開始，實際接觸政治工作，我曾歷任淡江文理學院代聯會主席，對於群眾工作與學運是駕輕就熟，長輩對我的殷殷期待，也因這個順利的開局而感到欣慰。

時間飛逝，距今已有六十幾年的幾代人了，當年的青少年學生幫派，已有不少

▲ 我出國留學時，大家熱情送機。

轉變為黑社會性質的幫派，江湖的性質與生態也已完全的不同。

但我們這一代人畢竟經歷了鐵血刀劍生死搏殺的腥風血雨，練就了一代人堅毅不拔的意志，同時能尊重道義、倫理和知道謙虛，雖然這些重要的東西或許逐漸消失，但它的精神永遠存在著。

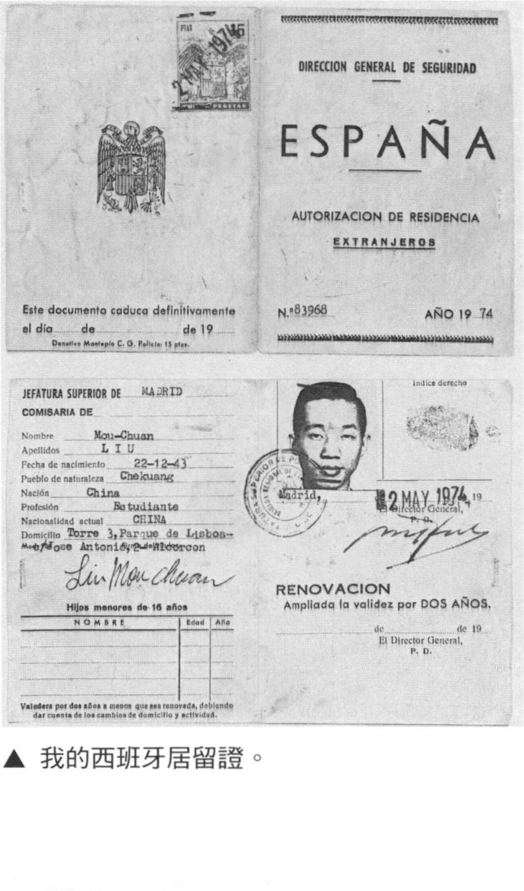
DIRECCION GENERAL DE SEGURIDAD

ESPAÑA

AUTORIZACION DE RESIDENCIA

EXTRANJEROS

N.º 83968 AÑO 19 74

Este documento caduca definitivamente el día de de 19

Donativo Montepío C. G. Policía: 15 ptas.

JEFATURA SUPERIOR DE MADRID

COMISARIA DE

Nombre Mou-Chuan

Apellidos L I U

Fecha de nacimiento 22-12-43

Pueblo de naturaleza Chekuang

Nación China

Profesión Estudiante

Nacionalidad actual CHINA

Domicilio Torre 3, Parque de Lisboa- c/Jose Antonio, 2 Alcorcon

Indice derecho

Madrid, 2 MAY 1974, 19

El Director General, P. D.

RENOVACION

Ampliada la validez por DOS AÑOS.

de de 19

El Director General, P. D.

Hijos menores de 16 años

NOMBRE	Edad	Año

Valedera por dos años a menos que sea renovada, debiendo dar cuenta de los cambios de domicilio y actividad.

▲ 我的西班牙居留證。

附錄 早期竹聯演變

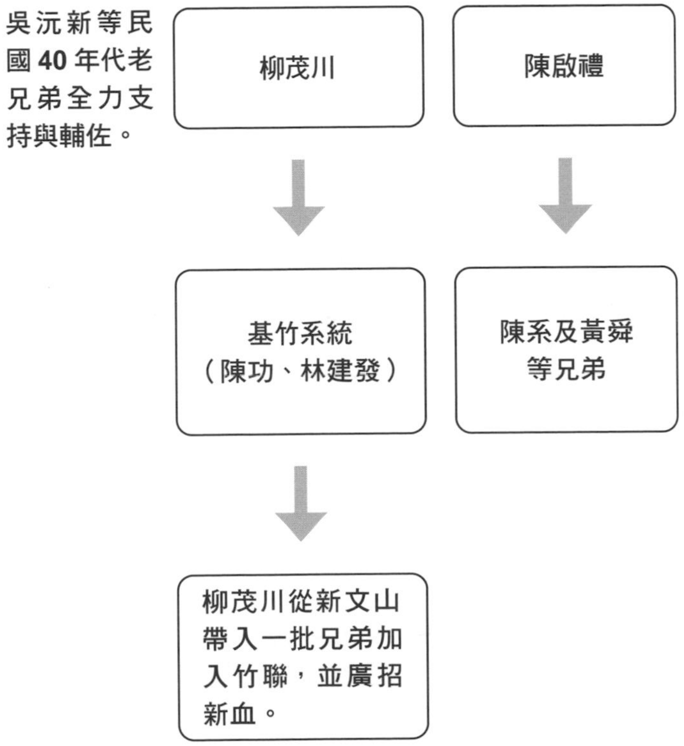
吳沅新等民國40年代老兄弟全力支持與輔佐。
柳茂川
陳啟禮
基竹系統（陳功、林建發）
陳系及黃舜等兄弟
柳茂川從新文山帶入一批兄弟加入竹聯，並廣招新血。

▲ 竹聯第一次重整記事（民國47年至民國52年）

吳沅新、陳功、林建發率全體基竹系統兄弟，支持並聽候柳的調度、指揮。

柳茂川

陳啟禮率其系統，支持並聽候柳的調度、指揮。

↓

以基竹陳功、林建發為戰鬥基礎。

↓

以掌法毛弟、吳功領軍，成立了戰鬥堂，帶領以民國 50 年代中期以後以及後期進入竹聯的新血兄弟，並進入「新生北路三段」的集訓期（大鍋飯時期）。

↓

竹聯對牛埔之戰前，掌法劉明利（毛弟）服兵役，柳茂川提名童強、周令剛為掌法，吳功仍擔任老么。

▲ 竹聯第二次重整記事（民國56年）

國家圖書館出版品預行編目（CIP）資料

竹聯：我在江湖的回憶。臺灣第一部幫派主持人親筆史記 / 柳茂川著 .
-- 初版. -- 臺北市：大是文化，2020.02
288 面；17×23 公分 . --（TELL；025）
ISBN 978-957-9654-54-8（平裝）

1. 柳茂川　2. 幫會　3. 臺灣

546.9933　108019258

TELL 025

竹聯

我在江湖的回憶。臺灣第一部幫派主持人親筆史記

作　　者／柳茂川
責任編輯／馬祥芬、蕭麗娟
美術編輯／張皓婷
副總編輯／顏惠君
總 編 輯／吳依瑋
發 行 人／徐仲秋
會　　計／林妙燕、陳嬅娟
版權經理／郝麗珍
行銷企劃／徐千晴、周以婷
業務助理／王德渝
業務專員／馬絮盈
業務經理／林裕安
總 經 理／陳絜吾

出 版 者／大是文化有限公司
臺北市 100 衡陽路 7 號 8 樓
編輯部電話：（02）23757911
購書相關諮詢請洽：（02）23757911 分機122
24小時讀者服務傳真：（02）23756999
讀者服務E-mail：haom@ms28.hinet.net
郵政劃撥帳號／19983366　　戶名／大是文化有限公司

法律顧問／永然聯合法律事務所
香港發行／豐達出版發行有限公司 Rich Publishing & Distribution Ltd
地址：香港柴灣永泰道70 號柴灣工業城第2 期1805 室
Unit 1805,Ph .2,Chai Wan Ind City,70 Wing Tai Rd,Chai Wan,Hong Kong
電話：（852）2172-6513 傳真：（852）2172-4355 E-mail：cary@subseasy.com.hk

封面設計／林雯瑛
內頁排版／吳思融
印　　刷／緯峰印刷股份有限公司

出版日期／2020 年 2 月初版
出版日期／2020 年 6 月初版 5 刷
定　　價／新臺幣 360 元（缺頁或裝訂錯誤的書，請寄回更換）
ISBN　978-957-9654-54-8